W0095301

Marinus Knoope

Die Kreationsspirale

Marinus Knoope

Die Kreationsspirale

Wie wir Wünsche zur Wirklichkeit
werden lassen können

Aus dem Niederländischen von Astrid Kaiser

Verlag Urachhaus

Titel der niederländischen Originalausgabe:
De Creatiespiraal. Natuurlijke weg van wens naar werkelijkheid,
erschienen bei KIC Nijmegen

ISBN 3-8251-7299-6
Erschienen 2002 im Verlag Urachhaus
© 2002 Verlag Freies Geistesleben & Urachhaus GmbH, Stuttgart
© 1998 Marinus Knoope
Umschlaggestaltung: U. Weismann
Druck: Offizin Chr. Scheufele, Stuttgart

Inhalt

Teil 1
Die Theorie

Teil 2
Die Praxis

Verzeichnis der Abbildungen

Vorwort

Es freut mich, dass Sie dieses Buch lesen. Ich habe es für Sie geschrieben. Indem Sie ihm Ihre Aufmerksamkeit schenken, bekommt es seinen Wert.

Bevor ich Ihnen erzähle, wie ich dazu kam es zu schreiben, möchte ich einigen Persönlichkeiten danken, die bei der Entwicklung meiner Ideen eine wichtige Rolle gespielt haben: Fritjof Capra, Albert Einstein, Erich Fromm, Jacques Guerrier, Toon Hermans, Hermann Hesse, Nelleke van Hezewijk, Maja Jeffkins, Peter Knoope sen., Martin Kojc, J. Krishnamurti, Beatrix Kunz, Bernard Lievegoed, Nelson Mandela, Frank Natale, P.D. Ouspensky, Eva Pierrakos, Jean-Paul Sartre, Frans Storms, Wiel Tonies, Will Wellen, Ken Wilber, Gary Zukav und mein Großvater Marinus Knoope.

Außerdem möchte ich Marieke Briedé, die mir monatelang sowohl praktisch als mental völlig selbstlos intensiv zur Seite stand, ausdrücklich meinen Dank aussprechen. Sie half mir dabei, viele Schwellen und Hindernisse zu überwinden, sie glaubte an mich, wenn ich es brauchte, gab mir Feedback, schrieb und korrigierte den Text. Ein Engel, ohne den dieses Buch zunächst nicht geschrieben worden wäre.

Es war vor dreißig Jahren, ich war ein junger Familienvater, oft verzweifelt auf der Suche nach einem gangbaren Weg, durch mancherlei Krisen und Fortschritte, kein stabiler Punkt im Leben meiner Kinder. Dass diese Suche dennoch zu etwas Positivem geführt hat, darauf bin ich stolz und dafür bin ich dankbar. Deswegen widme ich dieses Buch Estelle und Regis.

Teil 1

Die Theorie

Unsere Wünsche sind Vorgefühle der Fähigkeiten,
die in uns liegen, Vorboten desjenigen,
was wir zu leisten im Stande sein werden.

(Goethe)

1 Alles fing mit meiner Mutter an

E s war einmal ein Volk, das jedes Frühjahr ein großes Blütenfest organisierte. Sobald Bäume und Sträucher in Blüte standen, pflückte das Volk alle zarten kleinen Blüten sorgfältig von den Zweigen. Daraus wurden dann vorzügliche Blütenkuchen gebacken.

Weil alle Blüten auf diese Art verzehrt wurden, bekamen die Pflanzen keine Gelegenheit, Samen zu produzieren, und konnten sich nicht weiter fortpflanzen. Sie starben mit der Zeit aus.

Darüber machte sich das Volk keine Sorgen. Wenn es ihm etwas zu kahl wurde, zog es einfach in eine andere Gegend mit neuen, unverbrauchten Pflanzen. Dort lebte man dann weiter und pflegte den von Generation zu Generation überlieferten Brauch, im Frühling alle Blüten von Bäumen und Sträuchern zu pflücken.

Es dauerte viele Jahrzehnte, bis das Volk durch Zufall entdeckte, dass, wenn man die Blüten im Frühling einfach hängen ließ, man am Ende des Sommers etwas erntete, was viel leckerer und nahrhafter war: Früchte.

E inst entdeckte der Mensch, dass die Blüte ein Vorbote der Frucht ist. Das Buch, das Sie jetzt zu lesen beginnen, handelt von einer ähnlichen Entdeckung. Nämlich, dass die Wünsche des Menschen Vorboten dessen sind, was er unter Umständen später erleben kann.

So wie die Blüten der Obstbäume unter den richtigen Bedingungen zu gesunden Früchten werden, so reifen auch unsere Wünsche unter den richtigen Bedingungen zu der von uns gewünschten Wirklichkeit heran.

»Unsere Wünsche sind Vorgefühle der Fähigkeiten, die in uns liegen, Vorboten desjenigen, was wir zu leisten im Stande sein werden«, schrieb einst Goethe.[1] Nur schrieb er nicht dazu, *wie* dies vonstatten gehen sollte. Ihre Wünsche sind ein Versprechen dessen, was später sein wird, falls Sie für die richtigen Bedingungen sorgen. Sie sollten Ihre Wünsche darum mit Sorgfalt behandeln. Sie sollten sie, wenn sie noch klein und zart sind, lieber nicht der Lächerlichkeit preisgeben oder sie unrealistisch nennen.

Bevor ich weiter über meine Entdeckung berichte, möchte ich noch etwas über die intensive Suche erzählen, die ihr vorausging. Es war eine lange Suche, die schon in meiner Kindheit begann und sich während meiner Studienzeit und viele Jahre danach fortsetzte. Bis ich endlich des Rätsels Lösung fand: die Kreationsspirale.

Alles fing 1947 mit meiner Mutter an. Meine Mutter reagierte ziemlich unberechenbar, wenn ich etwas verkehrt gemacht oder etwas fallen gelassen hatte. Manchmal wurde sie böse und erklärte mir, dass es meine Schuld sei, ich hätte besser aufpassen und mich mehr anstrengen müssen. Es kam allerdings genauso oft vor, dass sie sagte, es sei eben einfach Pech und ich könne nichts dafür. Ich solle mir nichts daraus machen.

Lange Zeit habe ich versucht herauszufinden, wann etwas in meiner Verantwortung lag und wann ich nichts dafür konnte. Ich kam nicht dahinter. Ich verstand einfach nicht, wann etwas meine Schuld war und wann nicht.

Bis mir eines Tages, Jahre später, klar wurde, dass die Antwort weniger in meinem eigenen Verhalten als in der Stimmung meiner Mutter zu finden war. Je nach Laune meiner Mutter war entweder ich der Verursacher meines eigenen Unglücks oder das Unglück passierte mir einfach.

Haben Sie eine Antwort auf die Frage, wann ein unglückseliges Ereignis in Ihrem Leben Ihre Schuld ist, wann Sie selbst dafür verantwortlich sind oder wann Sie die Ursache woanders suchen müssen?

Jeder hat so seine eigene Sicht der Dinge, ob etwas selbst verschuldet ist oder gerade nicht. Und die meisten sind ziemlich überzeugt davon, Recht zu haben.

Meist basieren unsere Antworten auf die Frage, ob wir selbst Verursacher des Glücks oder Unglücks in unserem Leben sind, nicht auf klar erkennbaren oder wissenschaftlichen Erkenntnissen, sondern auf irrationalen und gefühlsmäßigen Gründen, auf Überzeugungen und Launen unserer Erzieher.

Die Meinungen sind überdies sehr verschieden. Manche meinen, sie seien selbst der Schöpfer ihrer Lebenswirklichkeit. Das gilt sowohl für den Erwerb materiellen Wohlstandes als auch, auf einer tieferen Ebene, für das Selbstverursachen schwerer Erkrankungen. Andere sehen das Leben als Geschenk oder als Gabe Gottes, auf das sie selbst wenig oder keinen Einfluss haben und das man so nehmen muss, wie es kommt. Der Mensch denkt, Gott lenkt.

Andere gehören zu jener Kategorie weiser Menschen, die meinen, dass die Wahrheit irgendwo dazwischen liegt. Was genau ›dazwischen‹ bedeutet, ist völlig unklar. Das hängt von Ihrer Laune oder der Laune Ihrer Umgebung ab.

Sie können die Sie umgebenden Personen auch auf andere Art und Weise einteilen. Und zwar in eine Kategorie von Menschen, die davon überzeugt ist, alles selbst bewerkstelligt zu haben, wenn es gut läuft:»Schaut her, wie großartig ich bin, ich erschaffe meinen eigenen Erfolg.« Und wenn es dann einmal schief geht, so liegt es natürlich nicht an ihnen, sondern an den anderen, der wirtschaftlichen Lage oder an sonstigen Faktoren, für die diese Menschen nicht selbst verantwortlich sind.

Allerdings gibt es auch eine Kategorie Menschen, die gerade dann, wenn etwas schief läuft, immer dazu neigen, selbst die Verantwortung dafür zu übernehmen. Diese Haltung kommt übrigens bei Frauen häufiger vor:»Sei mir nicht böse, ich habe mich ungenügend vorbereitet, meine Ausbildung reicht nicht aus, ich habe nicht genügd Erfahrung. Mea culpa, mea maxima culpa.« Und wenn es einmal gut läuft, zufällig, haben diese Menschen eben Glück gehabt.

Natürlich gibt es auch hier eine weise Mehrheit, für die die Wahrheit irgendwo dazwischen liegt. Die sich, situationsabhängig, meist aus pragmatischen Überlegungen für die eine oder andere Version entscheidet.

Wir haben im Allgemeinen keine klaren Erkenntnisse über den Einfluss des Individuums auf die Qualität seines Lebens. Ist der Arbeitslose verantwortlich für seine Arbeitslosigkeit, der Obdachlose für seine Armut, der Patient für seine Krankheit, der Schüler für seine Noten, der Drogenabhängige für seine Sucht, der Reiche für seinen Reichtum, der Kriminelle für seine Aggressivität und das Opfer für sein Unglück?

Jeder glaubt, eine Antwort zu kennen, und hat mit seiner Ansicht – natürlich – Recht, aber jeder hat auf seine Weise Recht und behauptet daher etwas anderes. Vom europäischen Calvinisten bis zum amerikanischen »Self-made-man«. Vom stolzen Macho bis zum schüchternen Mädchen. Die Meinungen sind so unterschiedlich, dass wir bei der Wahl unseres Standpunktes mit Vorsicht vorgehen müssen. Liegt die Wahrheit dann doch »irgendwo dazwischen«? Wo genau »dazwischen«?

Als junger Mann dachte ich: »Warum soll ich mir über meine Zukunft eigentlich Gedanken machen, wenn ich noch nicht einmal weiß, ob ich überhaupt Einfluss darauf habe?« Ich verstand nicht, dass Menschen sich über das Morgen Sorgen machten, ohne sicher zu wissen, ob sie überhaupt einen Einfluss darauf hatten.

Ich bin in einer einfachen Gegend in Rotterdam geboren und aufgewachsen. Ich hatte läuten hören, dass die Leute an der Universität ausgesprochen intelligent seien. Ich vermutete, dass man dort eine Antwort darauf kannte, ob man als Mensch seine eigene Zukunft beeinflussen könne und wenn ja, wie.

Also beschloss ich nach dem Schulabschluss Mitte der Sechzigerjahre Physik zu studieren. Unter den Intellektuellen, so sagte man, seien die Physiker die Schlauesten. Nachdem ich jahrelang studiert und als Wissenschaftler gearbeitet hatte, bemerkte ich, dass ich zwar viel wusste, aber immer noch keine Antwort auf die Frage kannte, ob ich den Verlauf meines Lebens beeinflussen könne.

Als ich versuchte, dieses Thema bei meinen Kollegen zur Sprache zu bringen, stellte ich zu meiner Überraschung fest, dass sich keiner dafür interessierte. Man hielt es für eine törichte Frage. Es war besonders ernüchternd, entdecken zu müssen, dass auch Physiker sich um das Morgen sorgen, ohne sich Gedanken zu machen, ob sie es wohl beeinflussen könnten. »Was hat das für einen Sinn?«, fragte ich mich.

Ich hängte die wissenschaftliche Arbeit an den Nagel und machte mich im Chaos der alltäglichen Wirklichkeit auf die Suche nach einer Antwort auf meine Fragen.

Ein Aspekt der modernen Physik ließ mich dabei jedoch nicht los: Die Relativitätstheorie Einsteins (1905). Sie existiert nun fast hundert Jahre. Trotzdem haben wir uns die Konsequenzen der Relativitätstheorie für unsere Weltauffassung überhaupt noch nicht zu Eigen gemacht.[2]

Eine wichtige Erkenntnis der Relativitätstheorie ist nämlich, dass Zeit eine räumliche Größe ist, in der man sich bewegen kann. Was das tatsächlich bedeutet, ist für einen Menschen genauso schwer zu verstehen, wie für einen Baum sich vorzustellen, dass der Wald ein Raum ist, in dem er versetzt werden könnte. Den meisten Bäumen passiert etwas Derartiges nämlich nie. Bis man nicht im Jahr 3000 zu Besuch war, ist es schwer zu glauben, dass man dort hätte sein können.

Nun habe ich in meinem Garten einen Weihnachtsbaum stehen, der das schon ein paar Mal mitgemacht hat. Er hat in den vergangenen Jahren alle Ecken des Gartens gesehen und weiß, dass der Garten ein Raum ist, in dem er versetzt werden kann. Er spricht mit den anderen Bäumen darüber. Daher denken die anderen Bäume, er wäre etwas verrückt, und überlegen, ihn in psychiatrische Behandlung zu schicken.

Sollte ein Marsmensch Sie jemals ins Jahr 3000 oder einfach nach morgen mitnehmen und Sie kommen lebend zurück, erzählen Sie dann keinem, was Sie erlebt haben, denn die Leute werden annehmen, Sie wären verrückt geworden. Aber laut Einsteins Relativitätstheorie ist dies möglich.

Angenommen, die Zeit wäre tatsächlich ein Raum, in dem man bewegt werden kann, in dem man reisen kann. Wenn man jetzt in die Zukunft reisen könnte, dann ist die Zukunft jetzt schon vorhanden. Dann hat das Morgen jetzt schon eine Form. Mit anderen Worten, wenn Sie gerne wissen möchten, wie es morgen oder in zehn oder zwanzig Jahren um Sie bestellt ist, machen Sie einfach eine Zeitreise oder warten Sie ruhig ab. Die Zukunft kommt von allein, wenn es so weit ist.

Wir leben mit der scheinbar selbstverständlichen Annahme, wir würden eigene Entschlüsse fassen, wir würden dauernd die eigene Wahl treffen, dadurch unsere Wirklichkeit steuern und auf diese Art, jedenfalls teilweise, unsere eigene Zukunft bestimmen. Aber trifft das eigentlich zu? Entscheiden wir selbst oder überkommen uns unsere Entscheidungen?

Ich beschloss, ein Experiment zu machen. Angenommen, ich gehe davon aus, dass ich keinerlei Entscheidungen selbst zu treffen hätte, dass alles kommt, wie es kommt. Angenommen, ich hörte jetzt auf, Entscheidungen zu treffen, was passiert dann? Ändert sich mein Leben oder nicht?

Morgens stellte ich mich vor meinen Kleiderschrank und dachte nicht:»Was soll ich heute mal anziehen?«, sondern ich dachte:»Ich bin gespannt, was ich heute anziehe.« Ich machte Besuche und dachte nicht:»Wann soll ich wieder gehen?« Nein, ich war neugierig, wann ich wieder gehen würde und ob ich wieder gehen würde.

Komischerweise zog ich jeden Morgen etwas an und ging, wenn ich Besuche machte, immer zu einer annehmbaren Zeit nach Hause. Ehrlich gesagt, allem Anschein nach verlief mein Leben wie früher, bevor ich das Experiment begann. Meine Entscheidungen kamen von allein, auch wenn ich sie nicht wissentlich traf.

Wenn Sie nicht genau wissen, was Sie tun sollen, oder wenn Sie nicht genau wissen, wofür Sie sich entscheiden sollen, halten Sie einen Moment inne, seien Sie gespannt, was Sie tun werden, warten Sie ab und beobachten Sie, was passiert. Ihre Entscheidungen kommen von allein.

Medizinische Studien belegen, dass in unserem Nervensystem erst chemische Reaktionen stattfinden und wir infolgedessen etwas möchten. Wir selbst dagegen unterstellen arglos, dass wir etwas möchten und dadurch chemische Reaktionen stattfinden. Unser Körper sagt uns, was wir wollen, und nicht umgekehrt. Dass ein Baum in die Höhe wächst ist ebenso wenig seine eigene Entscheidung wie die Tatsache, dass Lachse gegen den Strom schwimmen, dass Hunde bellen oder dass ein Mensch sich anzieht und zur Arbeit geht.

Der Mensch hat die besondere Fähigkeit, sich seiner selbst bewusst zu sein, aber das ist nicht dasselbe wie die Fähigkeit, sich zu steuern. Diese beiden Fähigkeiten, sich seiner bewusst zu sein und sich zu steuern, verwechseln wir Menschen dauernd.

Gerade weil wir uns so viele Gedanken über das Steuern machen, vergessen wir, uns bewusst wahrzunehmen. Erst wenn wir das Steuern unterlassen, entsteht Raum, bewusst wahrzunehmen und zu beobachten, wie der Mensch funktioniert, wie wir zusammengesetzt sind und gesteuert werden.

Versuchen Sie einmal, sich Ihrer Entscheidungen bewusst zu werden und sie nicht selbst zu treffen. Man lernt sich erst richtig gut kennen, wenn man sich bewusst wahrnimmt. Beobachten Sie, wo, wie und wann Sie welche Entscheidungen treffen, seien Sie neugierig und studieren Sie sich, bevor Sie glauben, sich steuern zu können.

Überprüfen Sie, wo in diesem Augenblick Ihre linke Hand ist, und versuchen Sie, sich zu erinnern, wann Sie beschlossen haben, dass sie dort sein sollte. Ich nehme an, dass Sie zu der Schlussfolgerung kommen, dass Sie diesen Entschluss nie gefasst haben. Jedenfalls nicht zu einem Zeitpunkt, an dem Sie bewusst Ihre Aufmerksamkeit darauf lenkten.

Und wie ist im Moment Ihr Gesichtsausdruck? Wann haben Sie beschlossen, dass er so sein sollte? Kennen Sie den Einfluss Ihres Gesichtsausdrucks auf den Verlauf Ihres restlichen Lebens, Ihres Liebeslebens oder Ihrer Chance auf Beförderung? Er ist mit entscheidend für Ihre Erfolgschancen in vielen Lebensbereichen. Trotzdem haben Sie ihn meist nicht unter Kontrolle.

Wir treffen unendlich viele Entscheidungen, die die Qualität unseres Lebens beeinflussen. Wir können die Gesamtheit unmöglich ganz überblicken, geschweige denn, dass wir alle Entscheidungen wohl überlegt treffen können.

Jene einzelne Entscheidung, über die wir uns gelegentlich Sorgen machen, ist nur eine von Tausenden, und es könnte sein, dass wir deren Bedeutung maßlos überschätzen. Die politisch Verantwortlichen beklagen nicht umsonst, dass sie mit ihren Entscheidungen den Tatsachen hinterher laufen. Sie haben wahrscheinlich Recht.

Ich war Mitte dreißig, als ich diese Experimente machte. Damals tanzte ich gern, aber ich konnte es nicht. Ich versuchte zu tanzen. Ich gab mein Bestes. Mir wurde aber immer schrecklich heiß und ich bekam ein beklommenes Gefühl. Dann hatte ich keine Lust mehr zu tanzen. Der Mut verließ mich und ich setzte mich meistens wieder hin.

Eines Tages beschloss ich, mein Experiment, die Zukunft »kommen zu lassen«, auf das Tanzen zu übertragen. Wenn alles von allein passiert, dann würde auch das Tanzen von allein klappen. Ich ging auf die Tanzfläche, schloss meine Augen, sodass mich keiner sehen konnte, und ließ meinen Körper einfach gehen. Ich machte allerlei Bewegungen, die ich mir normalerweise verboten hätte. Ich gestattete mir zu tun, was in dem Augenblick zufällig vorhanden war oder nicht.

Es fühlte sich komisch an. Als ich mich nach ungefähr zwanzig Minuten wie ganz von selbst wieder setzte, kam jemand auf mich zu und sagte: »Du tanzt ja toll.« Nie zuvor hatte ich ein Kompliment für meine Art zu tanzen bekommen. So entdeckte ich, dass Tanzen erst gut klappt, wenn man es geschehen lässt, wenn man seinen Körper von allein tanzen lässt.

Ich stand immer schon gern als Redner vor einem großen Publikum, aber ich wusste nicht, was ich da erzählen sollte. Ich dachte: »Wenn es beim Tanzen geklappt hat, kann ich es auch mit dem Vortragen probieren.« Einmal bot sich die Gelegenheit. In dem Moment, als ich das Mikrofon in Händen hielt, sagte ich: »Ich weiß nicht, was ich sagen soll, aber wenn es Sie nicht stört, höre ich einfach mit Ihnen zu.«

Das Publikum fing zu lachen an. Dies war mein erster erfolgreicher Vortrag. Vor Publikum sprechen klappt erst gut, wenn man sich keine Sorgen darüber macht. Wenn Sie versuchen zu denken, während Sie sprechen, fangen Sie an zu stottern. Wenn Sie darüber nachdenken, wie Sie tanzen, stolpern Sie über Ihre eigenen Füße. Wenn Sie darüber nachdenken, wie Sie laufen, können Sie wirklich nicht mehr laufen. Vielleicht gilt dies auch für das Managen, Führen, Lieben, Geschäftemachen und Leben. Diese Dinge funktionieren erst richtig gut, wenn man sie einfach geschehen lässt.

Tatsächlich scheint es so zu sein, dass man, wenn man sich gehen lässt und gleichzeitig das daraus entstehende Verhalten bewusst wahrnimmt, sich mehr oder weniger in die Richtung entwickelt, in der man sich wohl fühlt.

Begeistert vom Erfolg der Experimente und auch neugierig geworden, machte ich meine Nikotinabhängigkeit zum Gegenstand eines weiteren Experiments. Ich rauchte seit gut zwanzig Jahren. Das gefiel mir überhaupt nicht. Ich hatte auch schon ein paar Mal damit aufgehört, aber bei jedem emotionalen Rückschlag verfiel ich wieder in mein altes Verhaltensmuster.

Ich beschloss, mein Rauchverhalten bewusst zu observieren, ausdrücklich ohne die Intention, etwas daran ändern zu wollen. Ich beobachtete, in welchen Momenten ich eine Zigarette anzündete, machte mir klar, wonach ich in diesen Momenten tatsächlich verlangte, und notierte es. Ich beschrieb das Vergnügen, das das Rauchen einer Zigarette mir bereitete, und überprüfte, ob das Zigarettenrauchen tatsächlich mein Verlangen befriedigte.

So stellte ich fest, dass ich besonders dann rauchte, wenn ich mich nach einem Moment Zeit für mich sehnte, einem Moment der Ruhe, als eine Art kleiner Belohnung. Ich bemerkte jedoch auch, dass ich vom Rauchen nicht ruhig, sondern unruhig wurde. Inzwischen rauchte ich wie gewohnt weiter. Nachdem ich mein Rauchverhalten eine Zeit lang ohne es ändern zu wollen bei vollem Bewusstsein wahrgenommen hatte, konnte ich nicht mehr rauchen. Mein Körper hat damit aufgehört und nie wieder angefangen.

Jetzt habe ich kurz den roten Faden verloren. Ich hatte von meinen Experimenten berichtet und über die Zukunft, die schon zu existieren scheint, über Geschehnisse und Entscheidungen, die sich mir von allein enthüllen. Scheinbar geht es mir besser, wenn ich mich gehen lasse und mich zugleich bewusst wahrnehme.

Mit anderen Worten, wenn ich nicht versuche, die Zukunft zu steuern, sondern davon ausgehe, dass sie einfach schon existiert, dann verändert sie sich in die gewünschte Richtung. Wenn ich die Zukunft dadurch verändern kann, dass ich sie ganz sich selbst überlasse, ist sie dann doch beeinflussbar?

Inzwischen war ich beinahe vierzig Jahre alt und mitten in meiner Midlife-Crisis. Auch theoretisch war ich vollkommen festgefahren. Durch meine Annahme, die Zukunft bestünde schon, schien sie sich zu verändern.

Weil ich nicht gern zugebe, Unrecht zu haben, überlegte ich mir dann, dass diese sichtbaren Veränderungen offenbar auch vorbestimmt waren. Schließlich hatte ich sie unbewusst gewählt und sicherlich nicht bewusst erzeugt.

Zu dieser Zeit hörte ich von einem Amerikaner, der einen Kurs über das Thema »Erschaffen Sie Ihre eigene Wirklichkeit« gab.[3] Der Kurs beinhaltete Dinge wie positives Denken, Kraft der Gedanken, Visualisieren von Wunschvorstellungen, Selbstvertrauen und so weiter. Ich wurde neugierig. Natürlich funktioniert es nicht, dachte ich, aber sicherlich würde es Stoff liefern für interessante Gespräche über die Frage, ob man nun Einfluss hat auf die eigene Wirklichkeit oder nicht.

Ich glaubte zwar nicht daran, aber ich belegte den Kurs. Ich wollte diskutieren und philosophieren, aber daraus wurde nichts. Der Trainer ging jeder Diskussion aus dem Weg mit der Bemerkung: »Ich habe eine Technik. Wenn sie funktioniert, funktioniert sie, wenn sie nicht funktioniert, funktioniert sie nicht.« Als experimenteller Physiker konnte ich mich schwerlich weigern, es auszuprobieren, fand ich. Ich machte mich an die Arbeit. Zu meiner Überraschung lief alles völlig anders als erwartet. Gut drei Jahre hatte ich mich ausdrücklich nicht mit Fantasieren über die Zukunft beschäftigt. Ich hatte mich darauf konzentriert, wahrzunehmen und ausdrücklich nicht zu steuern. Es war, als ob ich einen gewaltigen Schuss Energie tankte. Der Effekt des positiven Denkens und Visualisierens war so groß, dass ich ihn nicht ignorieren konnte.

Wir bekamen zahlreiche Fragebögen und praktische Übungen. Wir mussten Wünsche formulieren, Wunschvorstellungen entwickeln, nach negativen Gedanken fahnden und sie in positive Glaubenssätze umformulieren. Ich habe mich gewissenhaft an die Arbeit gemacht.

Fünf Wochen lang habe ich jeden Morgen nach und jeden Abend vor dem Schlafengehen Wunschvorstellungen visualisiert. Tagsüber wiederholte ich allerlei positive Sätze. Zu meiner Überraschung stellte ich fest, dass die Anwendung der Techniken schon nach ein paar Tagen tatsächlich den Verlauf meines Lebens zu beeinflussen schien. Und dieser Einfluss wurde mit der Zeit stets größer.

Als für mich feststand, dass Visualisieren und positives Denken selbst bei jemandem, der nicht daran glaubt, Auswirkungen zeigte, war ich wieder bei Null angelangt. Ich kam an den Fakten nicht vorbei. Trotz der Tatsache, dass ich auf Grund der Relativitätstheorie Einsteins annahm, dass das Leben eine Art Film sei und dass Vergangenheit, Gegenwart und Zukunft schon lange feststünden, schien es jetzt so, als ob ich durchaus die Entwicklung meiner Lebensumstände steuern könnte und dass ich als Mensch der Entwerfer und Schöpfer meiner eigenen Zukunft sein könnte.

Meine Anschauung, dass die Zukunft schon bestünde, konnte ich daher nicht länger aufrechterhalten. Ich hatte zwar erfahren, dass Entscheidungen auch fallen, wenn man sie nicht bewusst trifft, aber ich hatte nun zwei Möglichkeiten gefunden, wie die eigene Zukunft beeinflussbar zu sein schien. Erstens durch Visualisieren und positives Denken und zweitens dadurch, dass man die Wirklichkeit nicht steuerte, sondern sie beobachtete und bewusst wahrnahm. Wobei die erste Methode zielgerichtet ist und die zweite eine natürliche Entfaltung der persönlichen Qualitäten bewirkt.

Bei meiner Suche nach einer Antwort auf die Frage: »Kann ich die Wirklichkeit beeinflussen, ja oder nein?« war ich gefühlsmäßig ungefähr genauso weit wie damals mit sechs Jahren, als meine Mutter manchmal sagte, es sei meine Schuld, und manchmal, dass ich nichts dafür könne.

In welcher Hinsicht und auf welche Art kann man seine Wirklichkeit bewusst steuern und in welcher Hinsicht ist dies nicht möglich? Inwieweit hat man Einfluss auf sein Leben und auf seine Chancen, die eigenen Wünsche zu realisieren? Manchmal tendiere ich zur einen, dann wieder zur anderen Seite. Vielleicht liegt die Wahrheit doch dazwischen. Wo genau ist dieses »Dazwischen«?

Im Herbst 1989, während ich einen Kurs für künftige Unternehmer gab, stellte ich mir plötzlich eine andere Frage: »Sind Menschen vielleicht vorbestimmt, ihre eigenen Wünsche zu realisieren, statt zum Gewinnen oder Verlieren?« Ich bemerkte nämlich, wie sehr jeder Kursteilnehmer sich mit seinen Ideen identifizierte, mehr oder weniger unabhängig von der Aussicht auf materiellen Erfolg.

Plötzlich fiel mir auf, dass die Frage: »Ist ein Menschenleben vorbestimmt oder ist der Mensch frei, seine eigenen Wünsche zu realisieren?« vielleicht die falsche Frage war. Vielleicht ist es einem vorbestimmt, gerade weil man auf der Welt ist, um seine Wünsche zu realisieren. Es gilt nicht das eine *oder* das andere und die Wahrheit liegt auch nicht dazwischen. Es gilt beides, das eine *und* das andere. Das Vorbestimmtsein und die Fähigkeit, die eigenen Wünsche realisieren zu können, sind zwei Seiten der gleichen Medaille.

Wenn dies so wäre, könnte man nicht ohne weiteres alles realisieren, was man sich ausdächte. Man wäre gebunden an seine eigenen, persönlichen Wünsche und daher keineswegs frei, sondern es wäre einem vorbestimmt seine Wünsche zu realisieren. Man wählt seine eigenen Wünsche nicht, nein, man hat sie einfach. Es ist mir vorbestimmt, meine Wünsche zu realisieren. Es ist Ihnen vorbestimmt, Ihre Wünsche zu realisieren.

D ie Frage: »Ist das Leben vorbestimmt oder kann man in diesem Leben seine eigenen Wünsche realisieren?« ist eine paradoxe. Die Antwort lautet nämlich zweimal »ja«. Es ist ungefähr die gleiche Frage wie:»Bekommt ein Apfelbaum Äpfel oder ist der Apfelbaum der Schöpfer der Äpfel?«

Wenn ein Obstbauer tausend Apfelbäume hat, würde er wahrscheinlich sagen:»Mach's doch nicht so kompliziert. Apfelbäume bekommen Äpfel.« Aber wenn Sie ein Apfelbaum wären, wie sehen Sie die Sache dann? Sie haben einen strengen Winter und den Frühling mit einigen kräftigen Nachtfrösten überstanden. Der Sommer war gelegentlich sehr trocken, aber zu Beginn des Herbstes hängen doch einige prachtvolle Äpfel an Ihren Zweigen. Sie sind dann stolz auf Ihre Leistung. Dafür mussten Sie viel erleiden und viel tun. Aus der Sicht des Apfelbaums ist er also der Schöpfer der Äpfel.

Jeder lebendige Organismus hat seine eigene Rolle im Ganzen, seine eigene Bedeutung. Jede Zelle, jede Pflanze, jedes Tier und jeder Mensch haben ihre Bestimmung, und diese manifestiert sich als innerer Drang, als inneres Verlangen. Dadurch, dass er dieses Verlangen, etwas zu erschaffen, in sich trägt, liefert jeder Organismus seinen Beitrag zum für ihn unergründlichen Ganzen.

Nehmen Sie sich selbst als Beispiel. Sie haben einen Wunsch. Sie tun Ihr Bestes. Sie arbeiten ein Jahr, zwei Jahre, vielleicht ein Leben lang und eines Tages realisieren Sie Ihren Wunsch. Dann sind Sie sehr stolz, weil Sie es geschafft haben.

Von einer höheren, objektiven Warte aus betrachtet, ist der Mensch einfach ein lebender Organismus, der Wünsche realisiert. Er möchte essen, er bekommt Essen. Er möchte arbeiten, er bekommt eine Arbeit. Er möchte ein Haus, einen Partner, ein Fahrrad und bekommt es. Sicherlich, manchmal geht es schief, aber das gilt auch für den Apfelbaum. Nicht jede Blüte wird ein Apfel.

Wenn die Bedingungen günstig sind, trägt ein Apfelbaum viele Äpfel. Wenn die Bedingungen günstig sind, realisiert der Mensch seine Wünsche. Genauso, wie für den Apfelbaum ein natürlicher Weg von der Blüte zur Ernte besteht, wobei jede Jahreszeit ihre eigenen günstigen Bedingungen hat, so gibt es auch für den Menschen einen bestimmten Weg für das Realisieren seiner Wünsche, wobei es für jede Phase optimale Bedingungen gibt.

Wenn man die verschiedenen Abschnitte des natürlichen Weges vom Wunsch zur Wirklichkeit kennen würde und wüsste, welche Rolle Visualisieren, positives Denken, bewusstes Wahrnehmen und Entscheidungen zu treffen darin zum richtigen Zeitpunkt spielen, dann wäre es deutlich einfacher, seine eigenen Wünsche zu realisieren. Denn das ist es doch, was Sie wollen, selbst wenn es Ihnen vorbestimmt sein sollte.

Wir wissen alle ungefähr, wie der Kreationsprozess beim Apfelbaum verläuft. Im Winter ist der Baum kahl. Die Aufmerksamkeit liegt bei den Wurzeln. Zu Beginn des Frühjahrs ist er bereit zum Sprung nach außen. Er blüht. Kurze Zeit später fallen die Blüten vom Baum und an ihrer Stelle erscheinen die Blätter.

Zum Ende des Frühjahrs und im Sommer entfaltet er sein grünes Laubkleid. Dann wachsen die Fruchtknoten, die sich aus den Blüten entwickeln, langsam und stetig, bis der Baum voller Früchte hängt. Zum Ende des Sommers, zu Beginn des Herbstes fallen die Früchte vom Baum. Ein paar Wochen später fallen auch die Blätter. »Hoffentlich sterbe ich nicht«, denkt der Baum und zieht sich in die Wurzeln zurück, und dies ist genau das Richtige. Wenn er jetzt ruhig stehen bleibt und sich innerlich gut vorbereitet, wird er zu Beginn des nächsten Frühjahrs wieder in Blüte stehen.

Wir nennen so etwas einen natürlichen Kreislauf. Es ist ein stets wiederkehrender Prozess vom Winter zum Frühling, vom Sommer zum Herbst und dann wieder zum Winter. Es geht immer so weiter und weiter und weiter, bis der Baum spürt, dass seine Zeit gekommen ist und sein Leben als Obstbaum ein Ende findet.

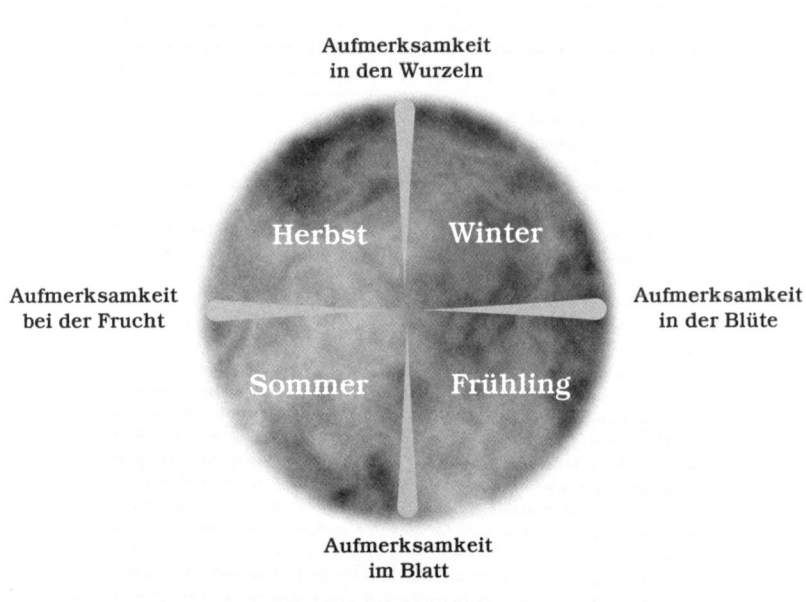

Abbildung 1: Der natürliche Kreislauf des Apfelbaums

Der Weg vom Wunsch zur Wirklichkeit ist exakt derselbe wie der von der Blüte zur Ernte. Es ist ebenfalls ein Kreislauf. Er hat auch vier Jahreszeiten, eine Phase des Nach-innen- und eine Phase des Nach-außen-gerichtet-Seins, eine Zeit für die Blüte und eine für die Ernte.

Das entdeckte ich während des Erstellens von Kursmaterial für künftige Unternehmer. Ich wollte alle Techniken, die beim Erfolgerzielen eine Rolle spielen, in der richtigen Reihenfolge aufschreiben. Aus organisatorischen Gründen sollte der Kurs aus dreizehn Lektionen bestehen. Nachdem ich die ersten zwölf geschrieben hatte, versiegte meine Inspiration. Ich rief meinen Veranstaltungspartner an, und er schlug vor, aus dem letzten Kapitel eine Art Zusammenfassung zu machen. Ich fing sofort mit der Arbeit an. Kurze Zeit später wurde mir klar, dass die Geschichte in sich völlig abgerundet war. Natürlich war es mir nicht gelungen weiterzukommen, denn ich war wieder am Anfang angelangt.

So entdeckte ich die Kreationsspirale. Die von mir gesuchte Reihenfolge war ein Kreis, ein Kreislauf. Analog den Jahreszeiten gibt es keinen Anfang und kein Ende. Wer die Kreationsspirale bzw. den natürlichen Weg vom Wunsch zur Wirklichkeit einmal kennt, kann seine Ideale in vollen Zügen genießen. Auch dann, wenn sie noch nicht realisiert sind, denn er weiß, dass es Versprechen des Zukünftigen sind. Sein Gefühl des Verlangens wird ein Gefühl der freudigen Erwartung.

So wie der Apfelbaum weiß, dass seine Blüten Vorboten der Früchte sind, so sicher wissen Sie, dass Ihre Wünsche ein Vorgefühl dessen sind, was Sie später erleben werden.

Es besteht allerdings ein wichtiger Unterschied zwischen Ihrem Weg durch die Kreationsspirale und dem Weg des Apfelbaums durch die Jahreszeiten. Soweit wir wissen, ist sich der Apfelbaum seiner selbst nicht bewusst. Ein Apfelbaum wird also nicht um sich herum schauen und vergleichen, was andere Obstbäume machen. Täte er das und würde entdeckten, dass er mitten zwischen Birnbäumen steht, würde er wahrscheinlich denken, er wäre nicht normal. Schlimmer noch, er würde vielleicht versuchen, Birnen hervorzubringen.

Oder stellen Sie sich vor, der Apfelbaum hätte sich bereits als kleines Bäumchen vorgenommen bescheiden zu sein und nur ganz kleine Früchte, sagen wir Kirschen, hervorzubringen. Oder er hätte den Drang, weil er besonders fröhlich oder übermütig gestimmt ist, es einmal mit Bananen zu versuchen.

Wenn ein Apfelbaum irgendwo Meisterschaft erreicht hat, dann beim Hervorbringen von Äpfeln. Apfelbäume, die versuchen, etwas anderes als Äpfel hervorzubringen, haben es ziemlich schwer und werden binnen kürzester Zeit sehr frustriert sein.

Machen Sie einmal den Versuch, Kontakt zu Ihren authentischen Wünschen und Sehnsüchten aufzunehmen, und widerstehen Sie der Versuchung, sich durch andere beeinflussen zu lassen. Wenn Sie nämlich für irgendetwas begabt und fähig sind, dann im Realisieren desjenigen, was Sie wünschen. Wenn Sie etwas anderes zu realisieren versuchen, weil es Ihnen irgendjemand irgendwann eingeredet hat, dann bekommen Sie Schwierigkeiten. Außerdem verschwenden Sie Ihre Zeit. Denn was bringt es, fremde Wünsche, die nicht die Ihren sind, zu realisieren?

Wenn Sie wirklich erfolgreich sein wollen, müssen Sie an der Realisation dessen, was Sie wirklich wollen, arbeiten. Dazu müssten Sie sich zuallererst bewusst machen, was Sie in diesem Leben wollen.

Die Welt könnte ganz anders aussehen, wenn wir uns individuell und gemeinschaftlich auf die Frage, was wir *wirklich* wollen, besännen und die Resultate dieser Besinnung als Ausgangspunkt nähmen für unser individuelles und kollektives Handeln. Wer als Individuum oder als Gruppe nicht weiß, was er wirklich will, hat seine Bestimmung verloren, ist richtungslos auf dem Weg ins Nichts.

2 Wünsche sind Vorgefühle

Was brauchen Sie, um Ihre Wünsche zu realisieren? Nun, was Sie in jedem Fall brauchen, ist ein Wunsch. Ein eigener Wunsch, ein Wunsch, den Sie irgendwo in Ihrem Innern gefunden haben. Stellen Sie sich für den weiteren Verlauf dieser Geschichte einen Wunsch vor. Das kann sowohl ein großer als auch ein kleiner Wunsch sein. Ein Wunsch, an dem Sie vielleicht Jahre arbeiten müssen, oder einer, der sich mir nichts, dir nichts realisieren lässt. Eine nette Kleinigkeit oder ein Herzenswunsch. Etwas Materielles oder Immaterielles. Etwas Sachliches oder etwas sehr Persönliches. Es sollte ein Wunsch sein, bei dem Sie eine gewisse Leidenschaft verspüren und für den Sie wirklich etwas übrig haben.

Beschäftigen Sie sich nicht damit, was Sie alles *nicht* (mehr) wünschen. Eine wichtige Spielregel auf dem Weg zum Erfolg ist, dass man sich bei allem Denken und Sprechen über Wünsche auf das *Gewünschte* beschränkt.

Wenn es Menschen nicht so gut geht, möchten sie oft nicht über das sprechen, was sie wünschen, sondern über das, was sie nicht mehr möchten. »Ich wünsche mir eine andere Stelle, weil ich dies oder jenes nicht mehr will.« »Ich möchte, dass du mich anders behandelst, weil ich dies und jenes nicht mehr will.« »Ich möchte einen anderen Arbeitgeber, ich möchte eine andere Wohnung, ich möchte eine andere Beziehung.«

Achten Sie mal darauf: Menschen, die oft über das sprechen, was sie nicht mehr wünschen, bleiben in der Praxis meist lange Zeit in eben dieser unerwünschten Situation hängen.

Sich mit dem zu beschäftigen, was man alles nicht mehr wünscht, kann sogar lebensgefährlich sein. Stellen Sie sich mal vor, Sie sitzen neben einem Taxifahrer, und während er einen Lastwagen überholt, hören Sie ihn vor sich hin murmeln, was während dieses Überholmanövers alles passieren könnte. Sie steigen wahrscheinlich sofort aus und suchen sich einen anderen Fahrer.

Während eines Überholmanövers fantasiert man nicht über einen möglichen Unfall. Auch nicht vor oder nach dem Überholen und lieber auch nicht zu Hause auf dem Sofa. Wenn man über einen Unfall fantasiert, ruft man die Schwierigkeiten geradezu herbei. Das kann wohl jeder nachempfinden.

Das Fantasieren über Ihre mögliche Entlassung, über das Scheitern eines Projekts oder Ihrer Ehe ist ebenso gefährlich. Sie sterben allerdings nicht daran. Wenn Sie unbedingt experimentieren möchten, sollten Sie es besser nicht mit einem Verkehrsunfall oder dergleichen tun.

Durch das Denken, Fantasieren oder Sprechen über das Unerwünschte setzen Sie einen negativen Kreationsprozess in Gang, und das ist vermutlich wohl das Letzte, was Sie wollen.

Betreten Sie niemals einen Raum und begrüßen die Anwesenden mit:»Ich will keinen Streit.« Das ruft geradezu nach Problemen. Gewöhnen Sie sich an, immer und überall den Menschen zu sagen, was Sie möchten, statt zu erklären, was Sie *nicht* möchten. Fragen Sie die anderen, was sie wünschen, besonders dann, wenn sie Ihnen erzählen, was sie nicht mehr wünschen.

Seien Sie aufmerksam. Sagen Sie lieber:»Ich finde es schön, dass du bei mir bleibst« statt:»Ich möchte nicht, dass du gehst«. Sagen Sie lieber:»Ich möchte hier frische Luft genießen« als:»Ich möchte, dass hier nicht geraucht wird«. Sagen sie lieber:»Ich wünsche mir Selbstständigkeit« als:»Ich möchte von dir unabhängig sein«.

Solange Sie davon sprechen, was Sie nicht möchten, herrscht Undeutlichkeit über Ihre wahren Wünsche und die andern können die Wünsche nach eigenem Geschmack interpretieren, inklusive aller Risiken und Missverständnisse.»Ich möchte nicht, dass du links abbiegst« kann bedeuten:»Ich möchte, dass du geradeaus fährst« oder»Ich möchte, dass du hier anhältst.« Es ist einfach nicht eindeutig.»Ich möchte, dass du nicht rauchst« kann bedeuten:»Ich möchte frische Luft«, aber auch:»Ich möchte, dass du besser auf deine Gesundheit achtest.«

Zwischenmenschliche Kommunikation würde viel durchschaubarer und einfacher verlaufen, wenn wir uns selbst und andere dazu anhalten würden, über das zu sprechen, was wir bzw. sie wirklich wünschen. Dies ist immer möglich, denn alles, was Sie nicht wünschen, verbirgt etwas, was Sie gern möchten.

Formulieren Sie Ihre Wünsche immer positiv, sagen Sie, was Sie gern möchten, und starten Sie dadurch einen positiven Kreationsprozess. Der nächste Schritt kommt dann eigentlich von selbst. Wenn man sich mit dem Gewünschten beschäftigt, macht man sich mehr oder weniger automatisch ein Bild von der Wirklichkeit mit den bereits realisierten Wünschen.

Jeder Mensch hat die kreative oder schöpferische Fähigkeit, vor seinem geistigen Auge eine virtuelle Wirklichkeit, eine Wirklichkeit, die es noch nicht gibt, zu kreieren. Diese Fähigkeit ist gewissermaßen unsere Zeitmaschine. Wir schließen unsere Augen und kreieren irgendwo in der Zukunft eine Wirklichkeit, nach der wir uns sehnen. Wir kommen zurück in die Gegenwart, öffnen die Augen und machen uns auf den Weg in die Zukunft, die wir gerade erschaffen haben.

Man braucht einem Heranwachsenden nicht zu erzählen, dass das Fantasieren darüber, wie es wohl wäre, wenn ... eine exzellente Vorbereitung auf eine intime Beziehung ist. Dieser Prozess verläuft praktisch von selbst. Für das Erlangen der idealen Stelle, einer erwünschten Wohnsituation oder für das Erbringen einer großen sportlichen Leistung gilt genau das Gleiche. Wenn man zuvor das erwünschte Endergebnis gut visualisieren kann, vergrößert man damit seine Erfolgschancen. Wer kein Bild dessen im Kopf hat, was er erreichen möchte, wird es wahrscheinlich auch nie erreichen.

Entwerfen Sie in Ihrer Fantasie eine von Ihnen gewünschte Wirklichkeit. Machen Sie es mit einem selbst gewählten Wunsch. Machen Sie es jetzt. Geben Sie Ihrer Fantasie Raum. Entwerfen Sie das Bild so anschaulich wie möglich, gebrauchen Sie all Ihre Sinne, sehen, riechen, hören, schmecken und fühlen Sie die von Ihnen gewünschte Zukunft. Genießen Sie sie, machen Sie sie anziehend. Je anziehender Sie sie machen, desto mehr wird sie Sie anziehen.

Vielleicht merken Sie, dass es nicht so einfach ist, wie Sie es sich zunächst vorgestellt haben. Wir bremsen uns oft selbst aus beim Fantasieren über unsere Ideale, weil wir meinen, »realistisch« bleiben zu müssen, weil wir innerhalb der Grenzen dessen, was sich gehört und erlaubt ist, bleiben müssen. Schauen Sie mal, wo Sie landen, wenn Sie sich völlig frei lassen. Erschaffen Sie in Ihrer Fantasie eine Wirklichkeit, die in jeder Hinsicht Ihren Wünschen entgegenkommt und in der sich alle denkbaren Gegensätze miteinander versöhnt haben. Sie verdienen Geld, indem Sie tun, wozu Sie Lust haben. Sie empfangen und genießen Liebe, wobei Sie ganz Sie selbst sein können, und auch das Klima ist optimal.

Wahrscheinlich kommt früher oder später doch Ihr gesunder Menschenverstand in Aktion und sagt Ihnen, dass es zwar sehr schön ist, was Sie sich da ausgedacht haben, aber in der Praxis natürlich nicht realisierbar.

Sie haben Angst davor, dass Ihre Wünsche sich nicht umsetzen lassen, denn Sie sind schon alt oder noch zu jung, Sie haben die falsche Ausbildung, nicht die richtigen Erfahrungen, die falschen Fähigkeiten, Sie haben zu wenig Mut, Sie sind nicht ausreichend wirtschaftlich orientiert oder es fehlt an etwas anderem.

Vielleicht denken Sie:»An mir liegt es nicht. Ich könnte es schon, aber die anderen verkennen meine Fähigkeiten, die anderen haben keinen Bedarf für meinen Einsatz, die anderen gönnen es mir nicht, mein Partner, mein Chef, die Behörden. Es gibt einfach keinen Platz für mich.«

Oder Sie sind der Meinung, dass es weder an Ihnen noch an den anderen liegt, sondern einfach praktisch nicht umsetzbar ist und am Leben selbst liegt? Das Leben ist nun einmal kein Zuckerschlecken. Man kann im Leben nicht alles haben. So ist die Welt nun mal.

Sollten Sie in einem der drei Bereiche – Sie selbst, die anderen oder das Leben – der Ansicht sein, Ihre Wünsche seien nicht erfüllbar, dann kann ich Sie beruhigen. Menschen, die glauben, ihre Wünsche seien nicht umsetzbar, können sie im Allgemeinen in der Praxis auch nicht umsetzen.

Wer denkt, etwas nicht zu können oder dass etwas nicht geht, behält am Ende meistens Recht. Es hat sich herausgestellt, dass intelligente Menschen über besondere Fähigkeiten verfügen, um zu beweisen, dass sie Recht haben. Wer Angst hat, zu spät zu kommen, macht unbewusst Fehler, sodass er letztendlich zu spät kommt. Wer glaubt, mit dem Pfeil nie ins Schwarze zu treffen, wird normalerweise immer daneben werfen.

Es gibt Experimente, die zeigen, dass Kinder, denen man über einen längeren Zeitraum vermittelt, sie könnten nicht rechnen, auf die Dauer wirklich schlechter rechneten. Als man Kindern mit Rechenproblemen vermittelte, sie seien gut im Rechnen, rechneten sie auf die Dauer besser. Es wurde sogar nachgewiesen, dass, wenn man einen neuen Lehrer über gute und schlechte Schüler falsch informiert, sich diese Fehlinformation auf die schulischen Leistungen der Kinder auswirkt.

Wer seine Wunschvorstellungen gern realisiert sehen möchte, sollte daran glauben, dass er es irgendwann schafft. Indem man daran glaubt, hat man auf jeden Fall größere Erfolgschancen. Daran zu glauben ist allerdings keine Garantie, es erhöht lediglich die Chance. Glauben ist eine Voraussetzung, die man erfüllen muss, um letztlich erfolgreich zu sein.

Zu wissen, was man will, ein deutliches Bild davon zu haben und daran zu glauben sind die ersten drei der insgesamt zwölf Voraussetzungen, die nötig sind, um Wünsche zu erfüllen.

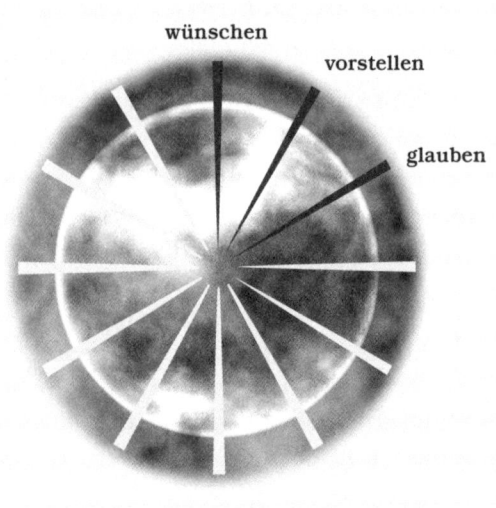

Abbildung 2: Die ersten drei Schritte des Kreationsprozesses

D ie nächste Voraussetzung ist, Ihre Wünsche zu äußern, mit Ihrem Begehren an die Öffentlichkeit zu treten. Das kann man mit dem Zeitpunkt vergleichen, zu dem der Apfelbaum zu blühen beginnt. Was tief im Innern vorbereitet wurde, wird jetzt für die Außenwelt sichtbar. Sie kommen mit einer genialen Idee zum Manager Ihrer Abteilung, mit einem gelungenen Unternehmensplan zur Bank, mit der Idee auszuwandern zu Ihrem Partner.

Was passiert, wenn Sie mit einem bedeutenden Wunsch, einer neuen Idee nach außen treten? Dann fragt der andere natürlich zuerst:»Glaubst du selbst daran?« Wenn Sie dann antworten:»Na ja, nicht so richtig«, können Sie alles Weitere vergessen. Mit anderen Worten, Glauben ist nicht irgendeine magische Kraft, die auf geheimnisvolle Weise Wünsche erfüllt. Nein, Glauben ist eine notwendige Voraussetzung, damit man bezüglich seiner Wünsche von seiner Umgebung ernst genommen wird.

Wer mit seinen Wünschen nach außen tritt, bevor er fest daran glaubt, ist wie ein Obstbaum, der blüht, bevor die Nachtfröste vorüber sind. Sie laufen Gefahr, dass Ihre Umgebung Ihre Wünsche bagatellisiert, und riskieren dadurch, Ihr noch unvollständig aufgebautes Selbstvertrauen wieder zu verlieren.

Ein frisch ausgesprochener Wunsch ist so zart wie ein Blütenblatt. Behandeln Sie ihn vorsichtig. Äußern Sie Ihre Wünsche erst öffentlich, wenn das Vertrauen in die eigenen Chancen stark genug ist, um eventuelle Kritik Ihrer Umgebung positiv zu verarbeiten.

Sie haben den anderen deutlich gezeigt, dass Sie an Ihren Wunsch glauben, dass Sie wirklich fest an ihn glauben. Dann kommt irgendwann die Fangfrage: »Und wie willst du das machen?« Es gibt da eine Vielzahl von Varianten, immer mit dem gleichen Unterton: »Weißt du schon, wie du deine Wünsche realisieren möchtest?«

Versuchen Sie, diese Fragen nicht zu beantworten. Natürlich wissen Sie es noch nicht. Sie wissen, was Sie wollen, haben ein deutliches Bild vor Augen und Sie fangen gerade an, mit anderen darüber zu sprechen. Zur Umsetzung Ihrer Wünsche sind Sie auf die Hilfe anderer angewiesen. Entgegnen Sie daher am besten: »Tja, das ist eine interessante Frage, hast du vielleicht eine Idee?« Wenn der andere dann sagt: »Nö, ich doch nicht«, dann antworten Sie einfach: »Was hab ich dann von dir?!«

Sie machen sich auf die Suche nach Ideen, nach Menschen, Informationen und Dingen, die Ihnen helfen können. Das nächste Stadium im Kreationsprozess ist Recherchieren: Nicht prüfen, ob Ihre Wünsche erfüllbar sind – das setzen Sie voraus –, sondern prüfen, auf welche Art und mit wessen Hilfe Ihre Wünsche umgesetzt werden können. Das nennt man Netzwerke knüpfen.

Es ist eine Kunst, im Leben nicht alles selbst machen zu wollen. Ein Unternehmer ist nicht jemand, der alles kann. Jemand, der alles allein schaffen möchte, wird rasch völlig erschöpft sein. Es ist eine Kunst, sich mit Menschen zu umgeben, die es können. Ein Unternehmer knüpft ein tragfähiges Netzwerk von Menschen um sich, die für ihn etwas bedeuten können. Noch besser ist es freilich, wenn Sie die Menschen so ausgesucht haben, dass Sie auch etwas für diese Menschen bedeuten.

Ein erfolgreicher Dirigent umgibt sich mit ausgezeichneten Musikern. Erfolgreiche Musiker arbeiten für brillante Dirigenten. Sie wohnen in einem Haus, das von kompetenten Handwerkern gebaut wurde. Kompetente Handwerker brauchen Leute, die sich ihre Dienste leisten können. Der motivierte Schüler sucht einen guten Lehrer und der gute Lehrer sucht motivierte Studenten. Umgeben Sie sich mit Menschen, die in vielerlei Hinsichten besser und stärker als Sie sind.

Sorgen Sie für die richtigen Fähigkeiten, Eigenschaften und Informationen. Wenn Sie ausreichend Menschen, Ideen, Sachverstand und Material gesammelt haben und wissen, wie Sie Ihren Wunsch realisieren können, dann ist die Zeit reif, den Schritt von der Fantasie in die Realität zu machen.

Bis jetzt fand der Kreationsprozess in einer Welt von Worten und Bildern statt. Sie fantasierten, dachten, sprachen darüber, es ist aber noch nichts Konkretes passiert. Wir brauchen jetzt eine Technik, die uns vom Traum zur Wirklichkeit verhilft. Aus der Welt des Sein-Könnens, der Möglichkeiten, in die Welt des Seins.

Dafür gibt es eine ganz besondere Kreationstechnik. Sie ist in der westlichen Welt entstanden, wird ausgiebig verwendet, meist jedoch ohne sich ihrer magischen Kraft bewusst zu sein. Diese Technik heißt »Planen«. Planen findet an der Grenze zwischen Fantasie und Realität statt.

Anhand des folgenden Beispiels wird leicht deutlich, wie Planen funktioniert. Stellen Sie sich vor, Sie lernen jemanden kennen und denken: »Es wäre toll, wenn wir uns wiederträfen.« Sie sehen es vor sich. Sie sprechen den Wunsch auch aus und der oder die andere scheint genauso darüber zu denken. Sie unterhalten sich noch eine Weile miteinander, bis einer von beiden sagt: »Ich muss jetzt leider weg. Bis irgendwann einmal.« Höchstwahrscheinlich sehen Sie ihn oder sie nie wieder. Hätten Sie allerdings inzwischen eine feste Verabredung getroffen, dann wäre ein Wiedersehen beinahe unausweichlich. Das, was einmal geplant ist, hat die Tendenz, tatsächlich einzutreten.

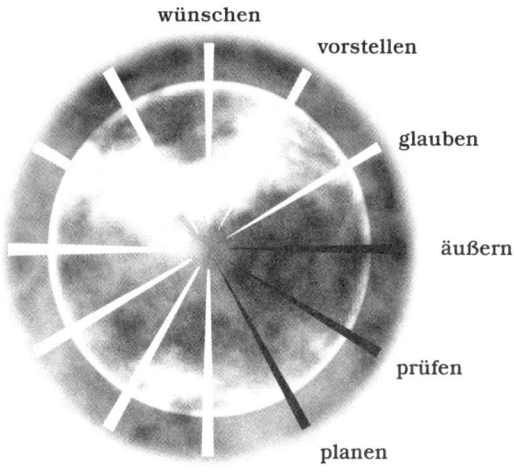

Abbildung 3: Die ersten sechs Schritte des Kreationsprozesses

Morgens schaut man in seinen Terminkalender, und meistens wird man das, was darin steht, dann auch tun. Ohne Planung würde unsere moderne Gesellschaft ganz anders aussehen. Sie nehmen ein Stück Papier, schreiben darauf, was passieren könnte, gehen damit zur Bank und nennen es einen Plan. Die Banken sind sogar bereit, Ihnen auf Grund dieses so genannten Plans große Summen Geld zu leihen.

Wie Glauben bietet Planen allerdings keine Erfolgsgarantie, es erhöht nur die Chancen. Ich hörte einst einen Afrikaner sagen:»Planning is the dream of the white man.« Man könnte sich fragen, welche der beiden Techniken, Glauben oder Planen, magischer oder effektiver sei, aber das ist eigentlich nicht so wichtig. Viel wichtiger ist die Reihenfolge, in der man die beiden verwendet.

Sie können keine gute Planung machen, ohne Nachforschungen angestellt zu haben. Ohne das Engagement von anderen können Sie nicht recherchieren. Bevor Sie nicht selbst an Ihre Ideen glauben, können Sie niemand anders dafür gewinnen. Sie können nicht an etwas glauben, wenn Sie kein Bild dessen haben, was Sie erreichen möchten. Und bevor Sie sich nicht klar darüber sind, ob Sie die Erfüllung Ihres Wunsches wirklich erleben möchten, sollten Sie lieber nicht darüber fantasieren.

Wenn Sie die verschiedenen Kreationstechniken in der richtigen Reihenfolge gebrauchen, geht das Realisieren von Wünschen beinahe von allein. Sie haben einen Herzenswunsch. Sie setzen sich vor ein knisterndes Kaminfeuer. Sie stellen sich eine wunderbare Zukunft vor und beschließen, daran zu glauben. Im zweiten Teil des Buches werde ich erklären, wie Sie lernen können, etwas zu glauben, an das Sie im Augenblick noch nicht glauben.

Wenn Ihr Glaube stark genug ist, erzählen Sie es anderen. Wenn jene fragen, ob Sie wirklich daran glauben, sagen Sie aus vollem Herzen ja. Die Menschen nehmen Sie ernst und Sie sammeln Reaktionen. So lange, bis Sie die richtigen Leute treffen und gute Ideen angehäuft haben. Sie machen einen Plan, und bevor Sie sich's versehen, beschließen Sie zu handeln. Beschlüsse fassen und handeln, der Übergang vom Denken zum Tun, sind die beiden folgenden Schritte im Kreationsprozess.

Stellen Sie sich einen sehnlichen Wunsch vor und fragen Sie sich, was Sie alles tun müssen, um ihn zu erfüllen. Aber wo soll man anfangen, wenn man Anfang zwanzig ist und Bundeskanzler werden möchte? Man macht es sich viel zu schwer, wenn man sich bei jedem neuen Wunsch fragt, was man alles unternehmen müsste, um ihn umzusetzen. Das entmutigt Sie, weil Sie fünf Schritte des Kreationsprozesses überspringen.

Entscheidungen treffen ist ein schwieriger Schritt, wenn man das Vorstellen, Glauben, Äußern, Prüfen und Planen überspringt. Wenn Sie aber diese Schritte machen, wachsen Sie wie von selbst auf die Entscheidungen zu.

Sie handeln, Sie agieren. Sie geben alles. Sie entdecken, gebrauchen und entwickeln Ihre Talente. Wir befinden uns inzwischen im aktiven Teil des Kreationsprozesses. Die tatsächliche Arbeit hat begonnen. Es ist Sommer. Die Früchte können wachsen. Es gilt jetzt zu üben und immer weiter zu versuchen, zu arbeiten, zu schwitzen, zuzupacken und durchzuhalten.

Sie haben sich exzellent vorbereitet, in der Praxis jedoch müssen Sie unerwartete Probleme meistern. Es dauert alles länger, als Sie erwartet hatten. Ihnen fehlen einige praktische Fähigkeiten. Ein großer Auftrag platzt. Sie haben unerwartete finanzielle Schwierigkeiten oder jemand wird krank.

Kurzum, Sie müssen durchhalten. Hinfallen und wieder aufstehen. Der nächste Schritt im Kreationsprozess heißt Durchhalten. Das Durchhalten steht dem Glauben direkt gegenüber. Durchhalten ist das materielle Gegenstück zum Glauben und Glauben ist die geistige Variante des Durchhaltens. Beim Glauben bejahen Sie Ihre Wunschvorstellungen, wohingegen Sie beim Durchhalten die von Ihnen begonnene Arbeit bejahen. Sie könnten auch sagen, Durchhalten ist die Phase, in der Ihr Glaube auf die Probe gestellt wird.

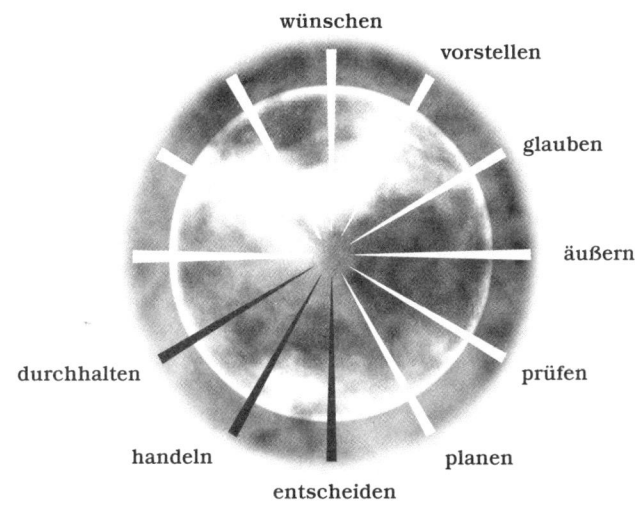

Abbildung 4: Die ersten neun Schritte des Kreationsprozesses

Ohne Glauben können Sie schwerlich durchhalten. Stellen Sie sich vor: Sie arbeiten an einem Projekt und mittendrin verlieren Sie Ihr Vertrauen auf einen guten Verlauf. Wie machen Sie dann weiter? Machen Sie überhaupt weiter? Angenommen, es ist ein Projekt Ihres Chefs und Sie ziehen es, obwohl Sie nicht mehr dahinter stehen, wegen Ihres Einkommens weiter durch. Glauben Sie, dass Ihnen Ihre Arbeit dann noch Spaß macht? Es ist fürchterlich, an einer Sache arbeiten zu müssen, an die man nicht mehr glaubt.

Durchhalten, während Sie felsenfest an ein gutes Ende glauben, ist hart und schwierig, aber es gibt Ihnen auch einen Kick. Stellen Sie sich vor, Sie laufen einen Marathon. Nach der Hälfte der Strecke schmerzen alle Ihre Muskeln, Sie sind todmüde, aber Sie fühlen auch, dass Sie es schaffen werden. Ihr Körper produziert Substanzen, die Ihnen wieder zu Kräften verhelfen. Sie mobilisieren neue Energie und laufen weiter.

Es ist herrlich, hart zu arbeiten, wenn Sie an etwas glauben, wenn Sie ein Ziel haben, dem Sie sich verbunden fühlen. Sich völlig zu verausgaben und darin aufzugehen ist ein echtes Vergnügen. Oder wie mein Großvater früher zu sagen pflegte: »Menschen, die gern Urlaub haben, machen einfach die verkehrte Arbeit.« Wenn Sie elf Monate des Jahres Ausschau halten nach dem einen Monat, den Sie frei haben, dann ist etwas mit Ihrer Arbeit oder mit Ihrer Arbeitsweise nicht in Ordnung. Durchhalten ist herrlich, es kann sogar süchtig machen. Aber eine Zeit der Ruhe ist auch ein wesentlicher Teil jedes Kreationsprozesses, wie wir später sehen werden.

So wie das Durchhalten dem Glauben gegenübersteht, so ist Handeln das Gegenüber von Vorstellen. Handeln ist die Arbeit an der Materie, Vorstellen ist geistige Arbeit. Handeln ist die Arbeit des Bauunternehmers, Vorstellen die Arbeit des Architekten.

Das Haus, in dem Sie derzeit wohnen, ist aus dem Zusammenwirken von Architekt und Bauunternehmer entstanden. Beide lieferten ihren Beitrag zur Qualität Ihrer Wohnung. Des einen Beitrag erkennen Sie an der Raumaufteilung und dem Design, den des anderen an der Qualität der Gipserarbeiten. Ein Bauunternehmer, der keine Vorstellung hat, was er bauen soll, kann schwer schuften, Gruben ausheben und Steine stapeln, ohne doch jemals etwas Sinnvolles zu realisieren.

Den Eiffelturm gäbe es nicht, wenn er nicht entworfen worden wäre. Ideale werden erst in die Tat umgesetzt, wenn jemand sie in eine verlockende Wunschvorstellung transformiert hat. Jeder inspirierende Führer präsentiert einen Traum. Jeder erfolgreiche Unternehmer kennt seinen Traum, aber die meisten Menschen leben ohne ein deutliches Bild ihrer Zukunft vor Augen zu haben, ohne klaren Blick auf ihre Ideale. Sie arbeiten an ihrer Zukunft wie ein Bauunternehmer ohne Bauzeichnung, sie schuften viel, erreichen jedoch nichts.

In den Fünfzigerjahren wurde in den USA unter Studenten eine Studie durchgeführt, bei der man herausfinden wollte, ob die Studenten ein Idealbild ihrer Zukunft vor Augen hatten. Nur ein sehr geringer Prozentsatz der Studenten verfügte über deutliche Zukunftsvorstellungen. Mitte der Neunzigerjahre machte man die damaligen Studenten wieder ausfindig. Es stellte sich heraus, dass die kleine Gruppe (zirka 3%) derer, die vierzig Jahre zuvor ein deutliches Bild ihrer Zukunft vor Augen hatten, mittlerweile ungefähr 90% des Einkommens der ganzen Gruppe verdiente.

Sie können auf viele verschiedene Arten erfolgreich sein, und ich möchte ausdrücklich darauf hinweisen, dass das Erreichen von Idealen nicht damit gleichzusetzen ist, viel Geld zu verdienen. Aber die Resultate dieser Studie sind ein Indikator dafür, dass eine deutliche Zukunftsvorstellung einen günstigen Einfluss auf den weiteren Verlauf Ihres Lebens hat.

Wir Menschen neigen dazu, zu vergessen, dass Vorstellen genau wie Handeln eine Form von Arbeit ist. Vorstellen kostet Zeit und Mühe. Es erfordert konzentrierte Aufmerksamkeit. Wenn Sie es nicht gewöhnt sind, sich Zeit dafür zu nehmen, müssen Sie sich am Anfang dazu zwingen. Schreiben Sie es in Ihren Terminkalender. Setzen Sie sich daran, konzentrieren Sie sich auf Ihre Wünsche. Entwerfen Sie eine Vielzahl verlockender Bilder im Kopf, rücken Sie sie sich immer wieder vor Ihr geistiges Auge und machen Sie Vorstellen auf diese Weise zu einer sehr reizvollen Arbeit.

Nach dem Durchhalten folgt der schwierigste aller Schritte. Die ersten neun (wünschen, vorstellen, glauben, äußern, prüfen, planen, entscheiden, handeln und durchhalten) waren mehr oder weniger selbstverständlich. Der zehnte ist das auch, aber viele Menschen haben die größten Schwierigkeiten damit. Deshalb erzähle ich Ihnen erst eine Geschichte. Eine Geschichte, um Ihnen Mut zu machen und Kraft zu geben, bevor wir diesem Hindernis auf Ihrem Weg zum Erfolg zu Leibe rücken.

Es war einmal ein Mann, ein Mann mit einem ganz innigen Wunsch. Er wünschte außer für sich selbst etwas für seine Umwelt. Er war ein so genannter Idealist. Er hatte die strahlende Vision von einer neuen Welt, einer gerechten Gesellschaft mit offener Kommunikation, gleichen Rechten und friedlicher Zusammenarbeit. Einer Welt voller Liebe, Frieden und Harmonie.

Er glaubte fest daran, dass es irgendwann so weit käme. Und wie alle Menschen mit Idealen konnte er nicht anders, als mit jedem, den er traf, darüber zu sprechen. Da sagten die Menschen: »Ach, hör doch auf. Du brauchst dich doch bloß umzuschauen, das geht doch überhaupt nicht. Der Mensch ist egoistisch, materialistisch und die Welt lieblos.« Wieder und wieder antwortete er: »Ich glaube daran, ich weiß genau, dass mein Wunsch Wirklichkeit wird.«

Glaube ist auf die Dauer ansteckend!

Wenn Sie immerzu deutlich machen, dass Sie an Ihre Wunschträume glauben, werden die anderen Sie ernst nehmen. Zumindest werden sie sagen: »Jedenfalls glaubt er es selbst!«

Wenn Sie jahrelang mit Überzeugung behaupten, Sie würden irgendwann ganz allein in einem Boot die Welt umsegeln, und Sie bleiben bei dieser Behauptung, dann werden Sie von Freunden und Bekannten immer öfter Bücher und Tipps bekommen, wie Sie es angehen müssen. Die Menschen in Ihrer Umgebung werden Ihnen relevante Informationen, auf die sie stoßen, weitergeben. Wenn Sie dann an Ihrem fünfundsechzigsten Geburtstag die Reise immer noch nicht gemacht haben, werden Ihre Freunde möglicherweise eine Sammlung veranstalten. Sie kommen nach Hause und vor Ihrer Tür steht ein Boot. Dann müssen Sie segeln.

Begeistert erzählte ich einmal einem Freund, dass ich gern eine Kneipe aufmachen würde. Ich beschrieb die Atmosphäre, die Einrichtung und die Tanzabende, die ich organisieren würde. Zwei Monate später rief er mich an, um mir zu erzählen, er hätte mir ein Café gekauft. Ich musste kurz schlucken, wollte mich aber nicht lumpen lassen und sagte zu, mit der Folge, dass ich zwei Jahre lang Cafébesitzer war.

Wenn Sie Ihre Wünsche glaubwürdig äußern, werden die andern unwillkürlich zu deren Umsetzung beitragen. Sie sammeln Informationen, knüpfen Netzwerke für Sie oder schenken Ihnen das Gewünschte sogar.

Wenn Sie fest an die Erfüllung Ihrer Wünsche glauben, werden die andern unwillkürlich ebenfalls daran glauben. Glauben steckt an. So war es auch im Falle unseres Idealisten. Er stand auf Straßen und Plätzen, bekam immer mehr Anhänger und wurde immer populärer. Die Leute dachten: »Wenn er es glaubt, vielleicht ist es dann möglich, es wäre eigentlich toll, wenn es klappen würde.«

Nun gab es in dem Land auch ein paar Leute, denen klar wurde, dass dieser Mann, jedenfalls aus ihrer Perspektive, gefährlich sei. Sie beschlossen, ihn so schnell wie möglich auszuschalten, eventuell sogar zu ermorden, zumindest einzusperren. So kam er ins Gefängnis.

Einige Jahre später war ein Journalist auf der Suche nach einer Katastrophe für die Titelseite seiner Zeitung. Er hatte echt ein Problem, denn er hatte schon seit ein paar Tagen keine schlechten Nachrichten beschafft. Sagen Sie selbst, was ist ein Journalist ohne Katastrophen? Er erinnerte sich an den gefangenen Idealisten und überlegte sich, dass ein Interview mit diesem Mann vielleicht den Bedarf seiner Leser an einer täglichen Ration Elend befriedigen könnte.

Er besuchte den Idealisten im Gefängnis. Auf seine erste Frage, wie es ihm ginge, bekam er die unerwartete Antwort: »Es geht mir ausgezeichnet, danke.« »Das verstehe ich nicht«, entgegnete der Journalist. Und der Idealist sagte: »Vor allem weiß ich genau, was ich will. Ich habe eine deutliche Vorstellung davon und glaube, dass es irgendwann eintreten wird. Ich äußerte meinen Wunsch laut und deutlich, und wissen Sie, was passiert ist? Man hat mich so ernst genommen, dass ich mit einem Mal vier Schritte (prüfen, planen, entscheiden und handeln) überspringen kann und mit einem Satz beim Durchhalten angekommen bin.«

Der Journalist hatte Mühe, den Mann weiterhin ernst zu nehmen. Er fand, der Idealist habe eine äußerst positive Sichtweise seiner Situation, aber wegen seiner aussichtslosen Position als Gefangener wollte er ihn nicht entmutigen. Es war schließlich der letzte Strohhalm, den der Mann noch hatte.

Aus purer Neugier beschloss er, den Gefangenen zehn Jahre später noch einmal zu besuchen. Vor allem um herauszufinden, ob er mittlerweile zu etwas mehr Realitätsbewusstsein gekommen war. Auch dieses Mal signalisierte der Idealist, dass es ihm gut ginge. »Ich kenne meine Wünsche und Ziele noch gut, ich habe eine genaue Vorstellung von ihnen und glaube noch immer, dass sie irgendwann so eintreten werden. Ich äußere mich noch regelmäßig in der Öffentlichkeit, wie jetzt auch. Es sind inzwischen zehn Jahre vergangen und wir nähern uns dem Erfolg.«

L etztendlich saß Nelson Mandela siebenundzwanzig Jahre im Gefängnis.

Ich möchte nicht behaupten, dass Glauben immer so wirkt. Aber stellen Sie sich vor, was passiert wäre, wenn Mandela seinen Glauben im Laufe der Jahre verloren hätte? Er wäre emotional, physisch und mental zerbrochen. Und er wäre auch sicherlich nicht in der Lage gewesen, achtzigjährig, mit viel Energie und ohne Groll, eine Nation zu führen während der schweren Zeit des kulturellen Wandels.

Nelson Mandela ruft durch seinen Glauben, sein Durchhaltevermögen und seine Vergebungsbereitschaft viel Respekt hervor. So viel, dass ich mich manchmal frage, ob ich ihn in meiner Geschichte über die Entdeckung der Kreationsspirale ohne weiteres als Beispiel verwenden darf. Ich vermute allerdings, er würde sich in der Erkenntnis, unsere Wünsche seien Vorgefühle, wiedererkennen.

Bei seiner Antrittsrede als Präsident 1994 zitiert er Marianne Williamson:»Unsere größte Furcht ist nicht, dass wir unvollkommen sind. Unsere größte Furcht ist, dass wir maßlos stark sind. Es ist unser Licht, nicht unsere Schatten, die uns am meisten ängstigen. Wir fragen uns: Wer bin ich, dass ich mich für brillant, ausgezeichnet, talentiert und fantastisch halte? Aber wer bin ich eigentlich, um dies nicht zu sagen?«[4]

Die Kreationsspirale ist kein billiger Trick, um schnell Erfolge einzufahren. Es ist die Wegbeschreibung eines natürlichen Kreationsprozesses, und Kreationsprozesse brauchen Zeit. Die Umsetzung eines großen Lebenstraums, wie jener Mandelas, kann ein ganzes Leben dauern.

Ich möchte Sie allerdings nicht entmutigen. Außer einem großen Lebenstraum haben Sie wahrscheinlich auch viele weniger umfangreiche und wesentliche Wünsche. Die Praxis beweist, dass beim Gebrauch der Kreationsspirale die Umsetzung dieser Wünsche oft überraschend viel schneller geht, als Sie je zuvor für möglich hielten.

Wie lange die Realisierung eines Wunsches dauert, hängt nicht allein von der Größe des Wunsches ab, sondern vor allem davon, wie wesentlich der Wunsch in Ihrem Leben ist. Mandela hatte ein großes Ideal, an dem viele andere Menschen beteiligt waren. Wahrscheinlich brauchen Sie für die Realisierung Ihrer Wünsche nicht die Zustimmung von knapp zwanzig Millionen Menschen. Aber die Realisierung Ihres größten Wunsches wird sich letztendlich als lebenslanger Auftrag herausstellen.

Irgendwann kommt immer der Zeitpunkt, an dem Sie das Erwünschte bekommen. Wenn Sie die vorhergehenden Schritte konsequent umgesetzt haben, ist der Erfolg unvermeidlich. Das Ende des Sommers rückt näher. Es wird Zeit zur Ernte. Wir sind bereit für den nächsten Schritt im Kreationsprozess: Empfangen.

Empfangen ist für viele Menschen der schwierigste Schritt des Schöpfungsprozesses. Nach neuen Erfolgen zu verlangen fällt uns viel leichter als erreichte Erfolge zu genießen. Es fängt schon damit an, dass Sie sich schwer tun, Ihren Erfolg überhaupt zu erkennen, sich bewusst zu machen, dass Sie das ehemals Erwünschte jetzt erleben. Folglich ist es oft beängstigend, das Erwünschte wie ein Geschenk von Herzen zu empfangen. Die Kunst des Empfangens ist, dasjenige zu genießen, was Sie sich in einem früheren Stadium herbeisehnten.

Wir sehnen uns danach, für unsere Mitmenschen etwas zu bedeuten. Wir sehnen uns danach, Wertschätzung zu erfahren. Was genau wir für andere bedeuten wollen, ist individuell verschieden, und die Art, wie wir Wertschätzung erfahren möchten, kann auch sehr unterschiedlich sein. Aber die Sehnsucht nach Anerkennung an sich kennt jeder.

Dennoch sind nur wenige Menschen in der Lage, die Komplimente, die sie bekommen, wirklich zu genießen. Meist bagatellisieren wir sie:»Ach, das war nur eine Kleinigkeit, das ging ganz leicht, eigentlich könnte es noch besser sein, das habe ich schon seit Jahren, das war ein Schnäppchen.« Oder wir geben gleich ein Kompliment zurück:»Ja, du hast auch eine schicke Jacke an, ich fand dich auch klasse.« Oder sogar:»Ja, ich liebe dich auch.«

Geben Sie ein Kompliment nicht sofort zurück, wenn Sie es bekommen. Bagatellisieren Sie es nicht. Bleiben Sie ruhig, empfangen und genießen Sie es und schauen Sie, was passiert.

Künstler haben häufig Probleme damit, Applaus zu akzeptieren. Sie laufen weg, wenn die Ovationen kommen. Es macht den Zuschauern Spaß, ihre Anerkennung zu zeigen. Deshalb ist es für den Künstler wichtig, diese wirklich empfangen zu können. Viele Künstler üben während ihrer Ausbildung sogar das Entgegennehmen von Applaus.

Stellen Sie sich vor, Sie haben Geburtstag. Die Gäste singen für Sie:»Lang soll er leben, lang soll er leben!« Und Sie hoffen, dass das Singen schnell beendet ist. Manchmal singt das Geburtstagskind sogar mit, mit-äußernd, statt zu empfangen. Die anderen äußern ihre Wertschätzung für Sie. Der Sinn der Sache ist, dass Sie empfangen, nicht, dass Sie sich äußern.

Man sieht das auch oft im Fernsehen. Jemand gewinnt unerwartet einen Preis, das Publikum fängt zu klatschen an und der Gewinner selbst klatscht mit. Das kommt nicht daher, dass er so stolz auf sich ist, sondern weil er hilflos der Tatsache gegenübersteht, dass endlich passiert ist, was er wünschte. Er steht im Mittelpunkt der Aufmerksamkeit. Bekennen Sie Ihre Sehnsucht nach Anerkennung dadurch, dass Sie sie öffentlich genießen. Entdecken Sie, dass Sie auf diese Art sogar immer mehr Anerkennung erhalten.

Wenn ein Mann eine Frau anspricht und ihr sagt, wie hübsch er sie findet, und sie antwortet: »Was willst du eigentlich von mir?«, dann hört er wahrscheinlich sofort auf, ihr Komplimente zu machen. Sonst würde er ihre Grenzen überschreiten. Würde sie das Kompliment hingegen annehmen und es sichtbar genießen, dann schmeichelte ihr der Mann noch eine Weile und würde mehr Komplimente hinzufügen. Je mehr sie empfängt, umso schöner wird sie. Denn schön sein ist subjektiv und nichts anderes als der Ausdruck inneren Vertrauens in die eigene Schönheit.

Sie wachsen durch das Empfangen von Komplimenten. Wir sprachen schon darüber, dass Kinder, je mehr positives Feedback sie für ihre Rechenleistungen bekamen, besser rechnen konnten. Je freudiger ein Künstler Applaus empfängt, desto mehr wird er von seinem Publikum geschätzt. Je mehr Sie Komplimente über Ihr Äußeres genießen, desto besser und hübscher werden Sie aussehen. Je mehr Anerkennung Sie für Ihre Art zu arbeiten erhalten, desto besser werden Sie Ihre Arbeit erledigen.

Das Empfangen von Anerkennung geschieht also nicht nur aus Eigenbelang, Sie reagieren dadurch positiver, und das ist nicht nur für Sie erfreulich, sondern auch für Ihre Umgebung. Wenn Sie es arrogant finden, ein Kompliment für sich selbst zu empfangen, sollte Ihnen klar werden, dass Sie sich nicht selbst erschaffen haben. Empfangen Sie die Komplimente im Namen desjenigen, der (oder was) Sie erschaffen hat. Empfangen Sie die Komplimente und geben Sie sie weiter.

Die Katze macht uns vor, wie wir erfolgreich empfangen können. Wenn Sie sie streicheln und sie findet es schön, dann kann man an ihrem Schnurren hören, wie sehr sie es genießt. Das stimuliert Sie, den Geber, sie weiterzustreicheln.

Wenn Sie Ihren Freund streicheln und er antwortet formell: »Danke sehr!«, dann hören Sie wahrscheinlich auf. Aber wenn er leise zu stöhnen anfängt, machen Sie weiter. Mit anderen Worten, wenn Sie gern gestreichelt werden, sollten Sie üben, leise zu stöhnen. Wer gern etwas bekommt, sollte empfangen üben.

Sagen Sie daher nie: »Das wäre doch nicht nötig gewesen!« Wenn Sie in dem Moment ablehnende Bemerkungen und Gesten machen, in dem Sie etwas bekommen, entmutigen Sie den Geber, Ihnen etwas zu schenken, und auf die Dauer bekommen Sie immer weniger. Ich sagte früher immer: »Ich brauche nichts zum Geburtstag.« Das wirkte mit der Zeit. Es dauerte Jahre, bis ich dieses Muster wieder rückgängig machen konnte.

Viele Menschen beklagen sich ziemlich häufig über die Tatsache, dass sie zu wenig Anerkennung bekommen von Bekannten und Kollegen, von Vorgesetzten oder Untergebenen. Aus Erfahrung weiß ich, dass Menschen, die im Alltag wenig Anerkennung bekommen, sich im Allgemeinen schwer tun mit dem Empfangen.

Wer ausstrahlt, dass er gern etwas bekommt, bekommt im Allgemeinen mehr als derjenige, der ausstrahlt, dass er nichts braucht. Das gilt für Individuen, aber auch für Betriebe und Organisationen.

Stellen Sie sich vor, Sie haben eine gute Freundin und Sie möchten ihr als Zeichen Ihrer Wertschätzung etwas schenken. Sie erwägen eine Schachtel Pralinen. Sie haben zufällig im Verbrauchermagazin gelesen, dass das Preis-Leistungs-Verhältnis der Pralinen von XY sehr gut sei. Sie überlegen also, ob Sie die Pralinen bei XY kaufen. Aber wenn Sie sie da kaufen, steht der Preis auf der Schachtel, und wenn Sie fragen, ob die Verkäuferin die Pralinen einpacken kann, steckt sie sie in eine Plastiktüte. Wahrscheinlich kaufen Sie sie dann doch lieber in einer Konfiserie. Dort sind sie zwar viel teurer, aber sie stecken in einer goldenen Schachtel mit silbernem Geschenkband und die Verkäuferin verpackt sie in wunderschönes Geschenkpapier.

Sie kommen zu Ihrer Freundin. Sie geben ihr die luxuriöse Pralinenschachtel und sagen damit eigentlich:»Schau her, ich habe viel Geld für dich ausgegeben.« Sie hätten die Schachtel ebenso gut bei XY kaufen und einen Zehn-Euro-Schein dazulegen können. Aber ich kenne keinen, der so etwas täte.

Was spielt sich hier eigentlich ab? Es findet eine Art Ritual statt. Sie demonstrieren Ihrer Freundin, dass Sie ein finanzielles Opfer gebracht haben, um auf diese Art Ihren Respekt und Ihre Wertschätzung für die Freundin auszudrücken. Die Frage ist nun:»Wo ist das finanzielle Opfer geblieben?«

Das Opfer kommt Ihrer Freundin nicht zugute. Die hat nur eine Schachtel teuer bezahlter Pralinen bekommen. Das finanzielle Opfer kommt der Konfiserie zugute. Dort steht nämlich in goldener Schnörkelschrift auf dem Schaufenster: »Wenn Sie gern etwas verschenken, wir nehmen es mit Freude.« Und bei XY steht auf der Schaufensterscheibe: »Wenn Sie wenig ausgeben wollen, sind Sie hier richtig.«

Das Personal von XY verkörpert das Motto: »Ich brauch' nicht viel.« Nach diesem Kriterium wurde es ausgewählt und ist es gekleidet. Meine Mutter hat dort übrigens jahrelang sehr gern gearbeitet. Anders die Angestellten der Konfiserie. Die sind so gekleidet, als wollten sie gleich zu einem Ball gehen. Man sieht ihnen an, dass sie gern etwas bekommen. Wenn Sie in Spendierlaune sind, gehen Sie in die Konfiserie, und wenn Sie nicht viel ausgeben wollen, gehen Sie zu XY.

Wenn Sie möchten, dass Leute, die in einer generösen Stimmung sind, zu Ihnen kommen, strahlen Sie dann aus, dass Sie gern etwas bekommen, und zeigen Sie deutlich, wie sehr Sie es genießen. Dann werden Sie immer mehr bekommen. Ob es sich dabei um Komplimente handelt, um Liebe oder Geld, wir geben vorzugsweise demjenigen, der von Herzen gern empfängt und das Erhaltene genießt.

Nehmen Sie von Herzen alle Liebe, Anerkennung und Geschenke an, die Sie bekommen. Fragen Sie sich nicht, ob der andere es ehrlich meint. Denn selbst wenn er es nicht ehrlich meint, können Sie doch alles annehmen. Was man hat, das hat man. Nur der andere macht sich möglicherweise lächerlich. Sie jedenfalls nicht. Vergessen Sie nicht, dass Sie mit jedem Kompliment wachsen.

Überlegen Sie sich nicht, was Sie zurückgeben müssen. Das Empfangen dessen, was Sie bekommen, verpflichtet Sie zu nichts, nicht mal zu einem Wort des Dankes. Wenn Sie den Geber erfreuen möchten, zeigen Sie, dass Sie seine Gabe genießen. Damit machen Sie ihm die größte Freude und deshalb wird es ihm Spaß machen, Ihnen öfters etwas zu schenken.

Wundern Sie sich auch nicht, womit Sie das verdient haben. Wenn Sie einer Rose sagen, wie schön sie ist, braucht sie sich auch nicht für ihre Mühen zu rechtfertigen. Sie sind es wert, all die Komplimente, Liebe und Geschenke zu erhalten, weil Sie es sind, genau so, wie Sie sind.

Sorgen Sie dafür, dass Sie so viel wie möglich bekommen und empfangen. Wenn Sie glauben, dass dies sehr egoistisch ist oder dass Sie schon genug haben, geben Sie etwas weiter, aber geben Sie es nie zurück. Lassen Sie den Rubel rollen und Ihre Liebe verströmen. Sie brauchen keine Angst vor einem Mangel zu haben. Im Vertrauen, letztlich immer zu erhalten, was man sich wünscht, können Sie geben, was Sie geben wollen. Empfangen Sie und genießen Sie. Seien Sie reich und geben Sie.

Nach Empfangen und Würdigen ist Entspannen der nächste (und auch der letzte) Schritt im Kreationsprozess. Drei Schritte, denen in der westlichen Kultur nur geringe Beachtung geschenkt wird.

Wer geerntet und genossen hat, kann langsam zur Ruhe kommen. Es ist Herbst im Kreationskreislauf. Eine Zeit der Besinnung und Einkehr, der Anerkennung und Würdigung, des Nachspürens und des Kontaktes mit der Leere oder dem All in Ihnen. In Stille am Wasser oder am Kamin sitzen, in Meditationsraum, Kirche oder Tempel. Das Weltliche loslassen. Allein sein mit sich in Ihrem inneren Universum, zurück zu Ihren Wurzeln. Es herrscht eine Stimmung wie manchmal zwischen Weihnachten und Neujahr.

Dann tauchen Ihre neuen Wünsche auf. Wenn Sie lange genug in Ihrem Innern verweilen, tauchen neue Sehnsüchte auf und Sie entdecken, auf einer tieferen Ebene, was Sie im Leben wirklich wünschen. Halten Sie den Wunsch noch geheim. Entwickeln Sie erst innerlich eine Vorstellung. Wenn Sie sich an dieses Bild gewöhnt haben, beschließen Sie, daran zu glauben. Sie sagen: »Amen, so sei es.« Erst dann treten Sie damit an die Öffentlichkeit und suchen Menschen und Dinge, die Sie bei der Umsetzung Ihres Wunsches unterstützen. Der ganze Kreationsprozess beginnt wieder von vorn. Es ist wieder Frühling.

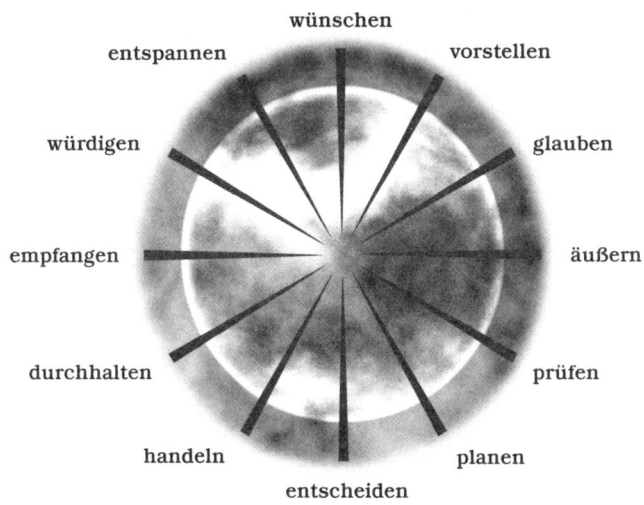

wünschen
entspannen   vorstellen

würdigen   glauben

empfangen   äußern

durchhalten   prüfen

handeln   planen
entscheiden

Abbildung 5: Die Kreationsspirale

3 Die Kreationsspirale als Bildaussage

Je länger ich mit der Kreationsspirale arbeite, desto mehr ihrer Geheimnisse gibt sie preis. Sie ist reich an Symmetrie und Paradoxen und verhält sich überraschend harmonisch zu vielen alten Weisheiten und religiösen Wahrheiten.

- Die horizontale Linie teilt die Spirale in eine Innen- und Außenwelt: So ist Äußern der Weg von innen nach außen und Empfangen der Weg zurück ins Innere.
- Es gibt eine Seite der Willensstärke und eine der Hingabe: Durchhalten führt Sie von Willenskraft zu Hingabe, und durch Glauben kommen Sie wieder in Kontakt mit Willenskraft.
- Schöpfer sein versus Geschöpf sein: Vorstellen macht Sie zum Schöpfer, Handeln wieder zum Geschöpf.
- Die vertikale Linie teilt den Kreationsprozess in die Beschäftigung mit der Zukunft und das Leben in der Gegenwart: Sehnsüchte lenken Ihre Aufmerksamkeit vom Jetzt auf die Zukunft, Entschlüsse lenken Ihre Aufmerksamkeit wieder zurück in die Gegenwart.
- Eine Phase der Fantasie versus eine Phase der Realität: Planen verhilft Ihnen von Fantasie zur Realität, Entspannen führt Sie wieder zurück in Ihre Traumwelt.
- Sie selbst sein versus im Ganzen aufgehen: Prüfen führt Sie zu Ihrem Platz im Ganzen, Würdigen, was ist, geleitet Sie zurück zu sich selbst.

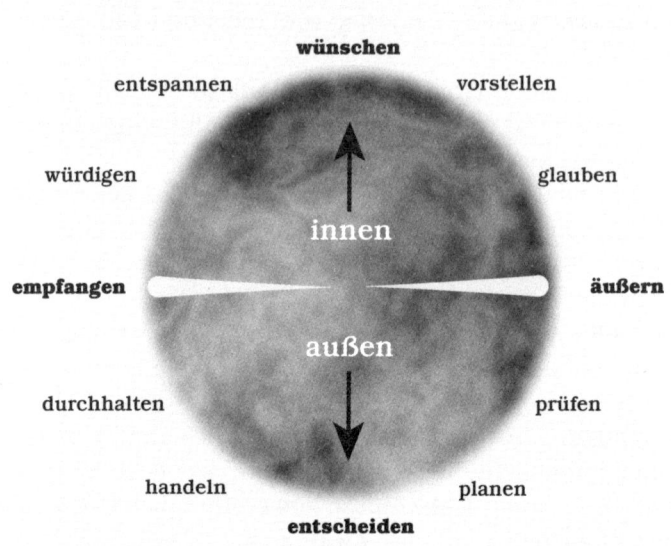

Abbildung 6: Innen versus Außen. Die Welt von Prüfen, Planung, Entscheidung und Handeln im Gleichgewicht mit einer Welt von Würdigen, Entspannung, Fantasie und Glaube.

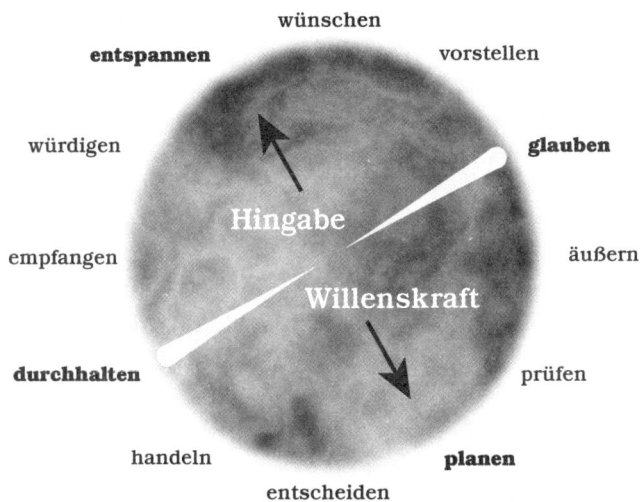

Abbildung 7: Willensstärke und Hingabe, zwei komplementäre Eigenschaften, welche Sie zum Erreichen Ihrer Ziele immer beide benötigen.

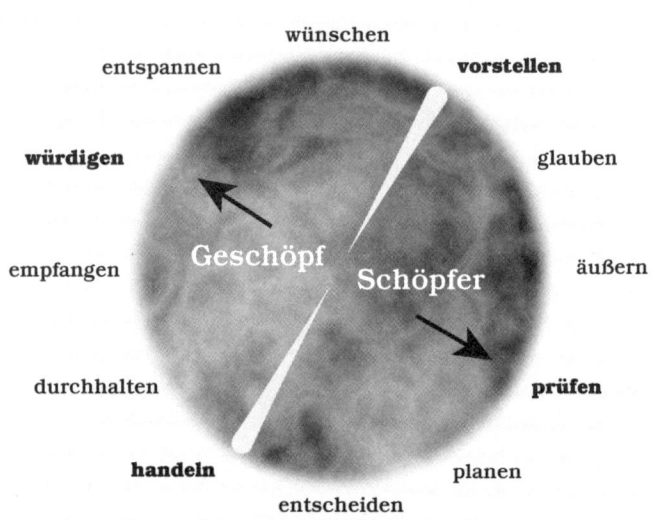

Abbildung 8: Der Mensch ist sowohl Geschöpf als Schöpfer, sowohl Ausführender als auch Designer. Der Schöpfer lenkt das Geschöpf und der Ausführende stärkt den Designer.

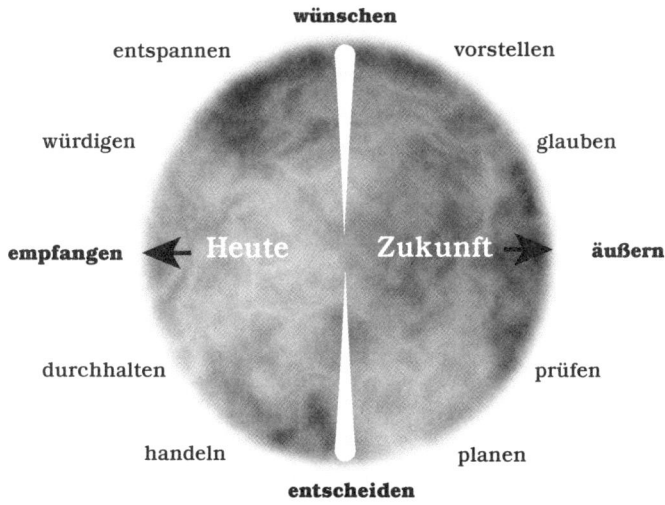

wünschen

entspannen   vorstellen

würdigen   glauben

empfangen ← Heute   Zukunft → äußern

durchhalten   prüfen

handeln   planen

entscheiden

Abbildung 9: Gegenwart und Zukunft. Im Jetzt zu leben bedeutet immer auch mit einem Bild der Zukunft zu leben.

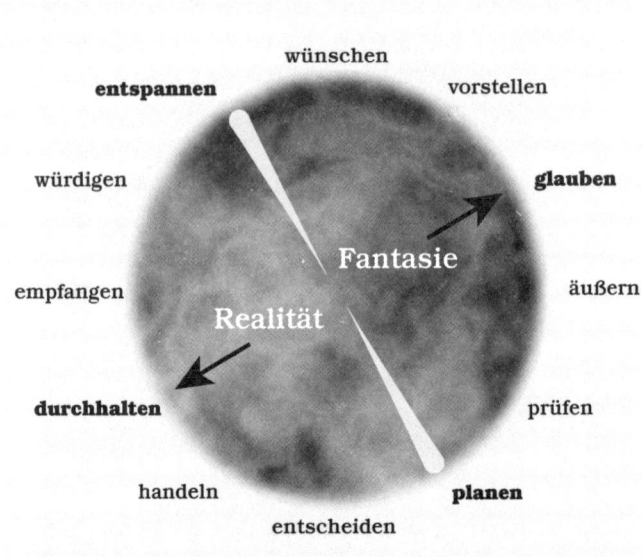

Abbildung 10: Die Wirklichkeit besteht aus Fantasie und Realität, beide sind gleich wirklich, sie können ohne einander nicht bestehen.

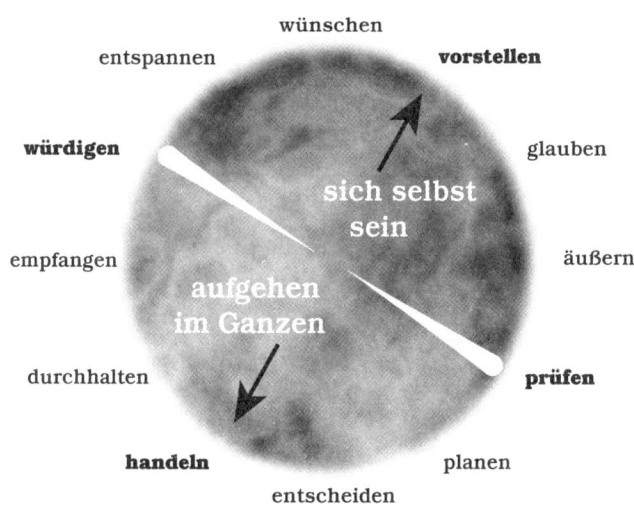

wünschen

entspannen | vorstellen

würdigen | glauben

sich selbst
sein

empfangen | äußern

aufgehen
im Ganzen

durchhalten | prüfen

handeln | planen

entscheiden

Abbildung 11: Wer ganz er selbst ist, geht völlig auf als Teil des Ganzen.

Es gibt eine Parallele zu den sieben Chakren. Dadurch ist in der Zwölf-Punkte-Spirale sogar Platz für die heilige Zahl Sieben.

Entscheiden befindet sich auf dem Platz des ersten, des untersten und irdischsten Chakras. Mit einer Entscheidung schaffen Sie Fakten.

Planen und Handeln, in Bewegung bringen und in Bewegung sein steht auf der Höhe des zweiten, des Sakralchakras.

Prüfen und Durchhalten, das Verarbeiten von Information und Durchsetzungsvermögen stehen auf der Höhe des dritten, des Magenchakras.

Äußern und Empfangen stehen auf der Höhe des vierten, des Herzchakras. Mit Leidenschaft offenbaren und von Herzen empfangen.

Glauben und Würdigen, das Wort – und, wie wir im zweiten Teil sehen werden, auch Töne – stehen in Höhe des fünften, des Kehlkopfchakras.

Vorstellen und Entspannen stehen in Höhe des dritten Auges, des sechsten bzw. Stirnchakras.

Wünschen steht schließlich in Höhe des siebten Chakras, der Kontakt mit dem Universum, der Kontakt mit Ihrem Auftrag.

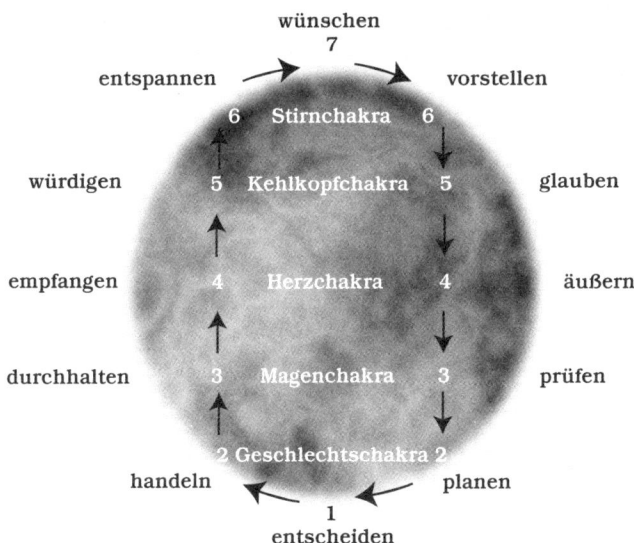

Abbildung 12: Die Kreationsspirale und die sieben Chakren

Auch die Trinität von Körper, Geist und Seele spiegelt sich in der Kreationsspirale. Dabei ist Durchhalten die Hauptaufgabe des Körpers, Prüfen ist die zentrale Funktion des Geistes und Wünschen ist das Wesen der Seele. Der Geist leitet den Körper durch seine Entscheidungen, der Körper informiert die Seele, dadurch, dass er das Gegenwärtige schätzt, und die Seele nährt den Geist mit ihrem Glauben und Vertrauen.

Seele, Begeisterung, Bestimmung, Berufung, Lebensaufgabe und Sinngebung sind Begriffe aus der Welt des Glaubens, der Religion und der Spiritualität. Körper, Lust, Wünschen, Sehnsucht, Verlangen, Ziel und Spaß an etwas haben sind Begriffe aus der Welt der Materie und der Bedürfnisbefriedigung. Die Kreationsspirale bringt die Begriffe Seele und Verlangen, Berufung und Wunsch, Sinngebung und Lust zu etwas in enge Beziehung miteinander.

Die Kreationsspirale vermittelt uns, dass Begeisterung sich zu erkennen gibt als eine Art von Verlangen; sie kann verdeutlichen, dass das Tun dessen, was uns Spaß macht, unserem Leben Sinn verleiht. Die Kreationsspirale zeigt uns, dass das, wozu man berufen ist, dem entspricht, was man wirklich wünscht. Nehmen Sie Kontakt mit Ihren Wünschen auf, dem Kern Ihrer Seele, entwickeln Sie Vertrauen und geben Sie Ihrem Leben dadurch eine Richtung.

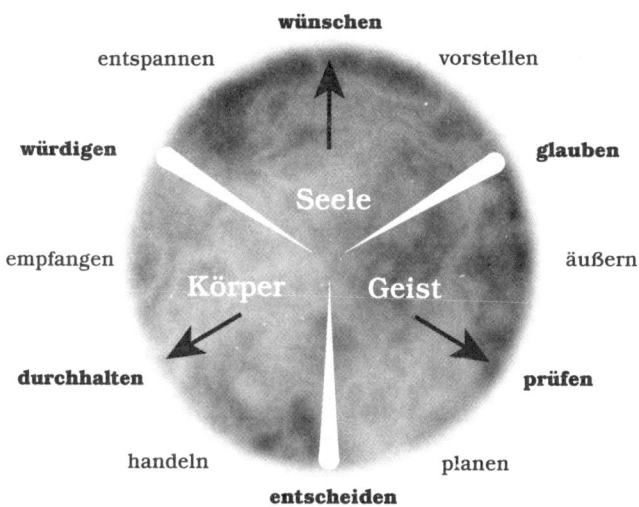

Abbildung 13: Die Kreationsspirale und die Trinität von Seele, Geist und Körper

Eine weitere überraschende Parallele ist jene mit den vier großen Kulturkreisen. Links oben finden wir die Kultur des Ostens, in der Werte wie Zufriedenheit, innere Ruhe und Meditation im Mittelpunkt stehen. Genau gegenüber, rechts unten, finden wir die Kultur des Westens, deren zentrale Werte Recherche, Marketing und Planung sind. Links unten finden wir dann konsequenterweise die Kultur des Nordens, eine Kultur der harten Arbeit und der Entbehrungen. Zuletzt finden wir rechts oben die Kultur des Südens, eine Kultur des Fantasierens und Glaubens.

Jede dieser Kulturen hat ihre starken Seiten, eine Vorliebe für eine Jahreszeit des Kreationsprozesses. Jede Kultur für sich genommen ist nicht in Balance. Die Kulturen brauchen sich gegenseitig als Ausgleich. Die vier Kulturen müssen lernen, die Vorlieben der anderen anzuerkennen und zu respektieren als essenziellen, unverwechselbaren Beitrag zur Realisierung einer harmonischen Gesellschaft.

Ich frage mich sogar, ob auf Grund dieser Tatsache nicht die zwingende Schlussfolgerung gezogen werden muss, dass interkulturelle Zusammenarbeit eine notwendige Voraussetzung für die Entstehung einer ausgeglichenen, wohlhabenden und gesunden Gesellschaft ist.

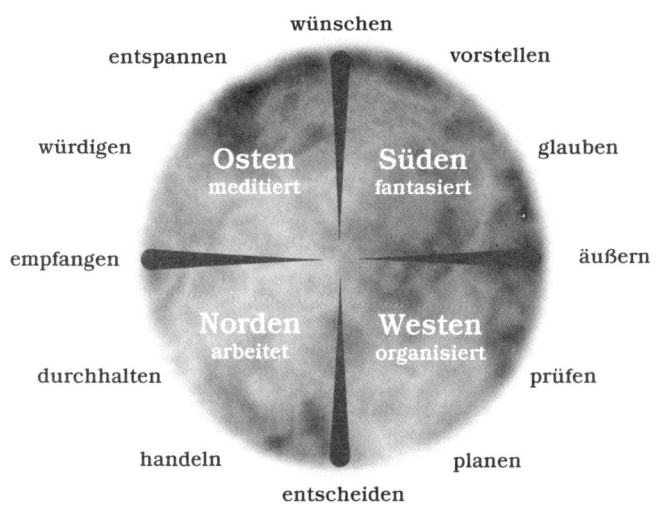

Abbildung 14: Die Kreationsspirale und die vier Kulturkreise

D ie Kreationsspirale beschreibt den Lebenslauf[5] des einzelnen Menschen.

Sie werden mit einem und aus einem Wunsch heraus geboren. Während der ersten einundzwanzig Jahre werden Sie mit Ideen und Meinungen versorgt. Dann machen Sie sich auf die Suche nach einem Platz in dieser Welt, in der Gesellschaft. Eine Zeit, die auch »Lehrjahre« genannt wird. Drei mal sieben Jahre später, um Ihren zweiundvierzigsten Geburtstag herum, haben Sie Ihre Midlife-Crisis schon größtenteils hinter sich. Sie haben eine wichtige Entscheidung getroffen: »Lebe ich mein Leben, um zu tun, was mich wirklich interessiert, oder verharre ich aus Sicherheitserwägungen in der Situation, in der ich bin?«

Wenn Sie sich dafür entscheiden, dasjenige, was Sie wirklich bewegt, zu verwirklichen, beginnen Sie mit dem nächsten Lebensabschnitt, der Realisierung Ihrer Lebensaufgabe. Während der Zeit der Meisterschaft, einundzwanzig Jahre lang, bis zum dreiundsechzigsten Jahr, arbeiten Sie an der Erfüllung Ihres Lebenswerks, Ihres Lebenswunsches, um dann mit Zufriedenheit und Anerkennung zurückschauen und mit zunehmender Weisheit wieder loslassen zu können. Mit vierundachtzig stehen Sie vor der Wahl, Abschied zu nehmen oder in eine neue Runde zu gehen, sozusagen eine neue Kindheit zu beginnen.

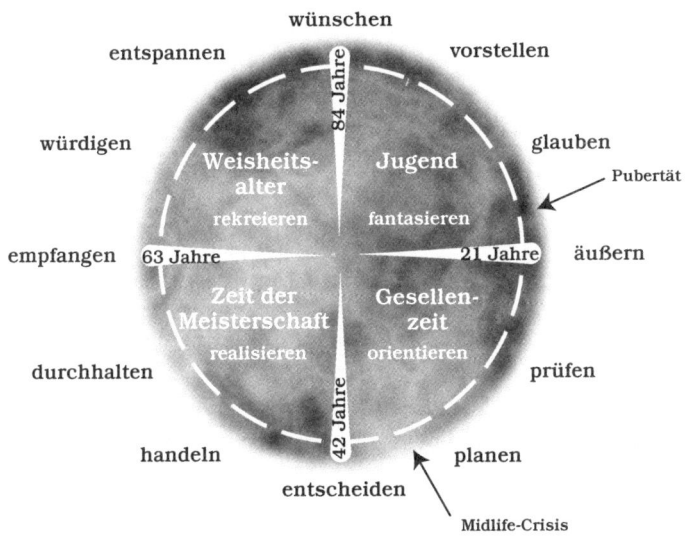

Abbildung 15: Die Kreationsspirale und der Lebenslauf des Menschen

Man kann die Kreationsspirale als Beschreibung eines individuellen Kreationsprozesses verstehen, man kann sie außerdem als Beschreibung eines kollektiven Kreationsprozesses sehen.

Ehepaare, Teams, Betriebe und Organisationen haben Wünsche, die sie zusammen realisieren wollen. Es handelt sich dabei um kollektive Wünsche, kollektive Bilder, kollektives Vertrauen etc. Organisationen und Gesellschaften haben, genau wie Individuen, eigene Wünsche, eine eigene Bestimmung.

Wie die Einzeller sich einst in harmonischer »Zusammenarbeit« zusammengefunden haben und dadurch den Körper des Menschen schufen, so stehen wir heutzutage vor der Herausforderung, durch respektvolles Einbeziehen der individuellen Wünsche des Einzelnen vitale Organisationen und eine ideale Gesellschaft zu schaffen.

Die Kreationsspirale veranlasst uns zu einer neuen Sichtweise des Verhältnisses zwischen Individuum, Organisation und Gesellschaft. Bevor ich mich aber in totaler Euphorie über die Schönheit und die vielseitigen Einsatzmöglichkeiten der Spirale verliere, möchte ich erst kurz zurückkehren zum alltäglichen Leben. Die Kreationsspirale ist scheinbar so einfach und selbstverständlich. Warum geht in einem Menschenleben dann doch so viel schief?

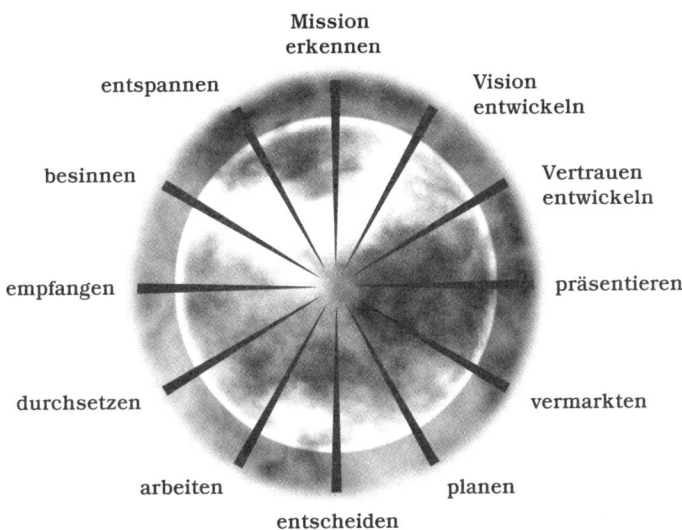

Abbildung 16: Die Kreationsspirale für Teams und Organisationen

4 Die negative Kreationsspirale und der endlose Kreationskreislauf

Bisher veranschaulichte die Kreationsspirale nur einen Teil unserer täglichen Erfahrungen. Sie ist zwar in vielerlei Hinsicht ein famoses Modell und scheint auf selbstverständliche und natürliche Weise den Weg vom Wunsch zur Wirklichkeit, den Weg zum Erfolg zu beschreiben. Es geht jedoch eine Menge schief in einem Menschenleben.

Dieser Teil, die Entstehung unserer Probleme, unseres Elends, lässt sich mit der, wie ich sie nennen möchte, »negativen Kreationsspirale« erklären. Diese negative Spirale ist übrigens beinahe identisch mit der positiven. Der wesentlichste Unterschied liegt darin, dass dort, wo die positive Spirale mit Wünschen beginnt, die negative mit Sorgen bzw. dem Unerwünschten oder nicht mehr Gewünschten anfängt.

Bei der Erläuterung der positiven Kreationsspirale haben Sie Ihre Aufmerksamkeit auf einen Wunsch gerichtet. Einen Wunsch, bei dem Sie eine gewisse Leidenschaft verspürten. Ich bat Sie, sich ausdrücklich nicht mit dem Unerwünschten zu beschäftigen. Jetzt bitte ich Sie, dies explizit zu tun. Richten Sie Ihre Aufmerksamkeit auf eine Sorge. Wählen Sie eine Sorge, die Ihnen wohl bekannt ist, in die Sie quasi automatisch hineinschlittern können.

Steigern Sie sich heute Abend, bevor Sie schlafen gehen, ganz fest in Ihre Sorge hinein. Kreieren Sie die lebendige Vorstellung einer Situation, in der sich ihre Sorge bereits konkret verdichtet hat. Stellen Sie es sich richtig schrecklich vor. Sie haben zum Beispiel Ihre Arbeit und Ihre Familie verloren. Sie schlafen irgendwo unter einer Brücke. Sie haben nicht mal mehr Fusel, um sich zu betrinken.

Gebrauchen Sie wieder all Ihre Sinne. Riechen Sie es, schmecken Sie es, sehen Sie es vor sich, fühlen Sie es und hören Sie die dazugehörigen Geräusche. Gehen Sie danach »ruhig« schlafen, und morgen früh, wenn Sie aufwachen, stellen Sie sich noch einmal das Gleiche vor, wieder ungefähr fünf bis zehn Minuten lang. Halten Sie es eine Woche oder zwei durch. Man braucht natürlich Disziplin, aber dann wirkt es garantiert.

Sie werden merken, dass Sie nach ein paar Tagen, mehr oder weniger automatisch, Angst bekommen, dass »es« wieder passiert. »Angst bekommen, dass …« ist in der negativen Spirale das Äquivalent zu »Glauben, dass …« in der positiven Spirale. Sie können sich nun gut vorstellen, wie es vermutlich schief gehen wird.

Außerdem bekommen Sie wahrscheinlich das Bedürfnis, mit anderen über Ihre Ängste zu sprechen. Sie wollen auf Ihre Sorgen aufmerksam machen, Sie wollen darüber diskutieren. Sie suchen Menschen, mit denen Sie Ihre Sorgen teilen können. Unbemerkt sind Sie schon recht weit auf dem Weg in der negativen Kreationsspirale.

Stellen Sie sich vor, Sie haben Angst vor etwas, das Sie absolut nicht möchten. Sie haben zum Beispiel Angst vor Einbrechern. Erst behalten Sie sie noch eine Weile für sich, aber irgendwann erzählen Sie jemandem von Ihrer Angst. Er sagt: »Klag' nicht so viel, du musst positiv denken.« Fühlen Sie sich verstanden?

Sie denken: »Ja, ja, der hat gut reden mit seinem Gequatsche über positives Denken, das hilft doch nichts. Ich habe einfach Angst.« Sie sprechen weiterhin mit anderen Menschen über Ihre Angst. Bis Sie jemanden treffen, der Sie versteht und sagt: »Ja, weißt du, die Kriminalität nimmt in letzter Zeit gewaltig zu. Hier in der Nachbarschaft ist letzte Woche auch eingebrochen worden!«

Sie fühlen sich gleich wieder ein wenig beruhigt. Wir Menschen sind eigentlich immer auf der Suche nach Gleichgesinnten, nach Leidensgenossen, die genauso denken wie wir. Sie suchen einen Freund, einen Trainer, einen Therapeuten oder Literatur, die bestätigt, was Sie schon dachten. Das ist beruhigend und Sie brauchen sich nicht zu verändern.

Mittlerweile haben Sie es geschafft, sich mit Menschen zu umgeben, die Ihre Ängste und Sorgen teilen. Plötzlich sagt einer: »Weißt du, was du machen musst?« Sie denken: »Gut aufpassen, die Phase der Prüfung hat angefangen, ich erhalte den ersten Ratschlag: Du musst dir Rollläden einbauen lassen.« Sie wollen sich natürlich umfassend informieren und suchen weiter nach Tipps. Sie sammeln noch einige Ideen wie beispielsweise einen Wachhund anschaffen, eine Alarmanlage, Sicherheitsschlösser an Haus- und Gartentüren. Dann wägen Sie ab mittels eines Preis- und Qualitätsvergleichs, machen einen Plan und entscheiden sich schließlich. Rollläden sollen die Lösung sein.

Jetzt ist es nur noch eine Frage von handeln und durchhalten. Denn jetzt, wo die Rollläden da sind, müssen Sie sie natürlich jeden Tag hochziehen und herunterlassen. Abhängig von den verschiedenen Schul- und Arbeitszeiten der einzelnen Familienmitglieder öffnet oder schließt man die Rollläden meist morgens oder man öffnet oder schließt sie abends. Wie dem auch sei, mindestens einmal pro Tag muss man sie hochziehen und einmal pro Tag wieder herunterlassen.

Dann kommen die Sommerferien. Sie fahren drei Wochen zur Entspannung ins Ausland und vergessen, einen Verwandten zu bitten, die Rollläden täglich hochzuziehen und wieder herunterzulassen. Aus dem Urlaub zurück, erhalten Sie die Quittung. Es ist passiert. Es wurde eingebrochen.

Die meisten Menschen sind enttäuscht, wenn ihre Sorgen sich bewahrheiten. Strikt logisch müsste man sich darüber wundern. Wenn Sie sich Sorgen machen und die Befürchtungen treten ein, dann hat es geklappt, der Kreationsprozess hat funktioniert. Mein Vater sagte früher immer: »Du darfst vor Hunden keine Angst haben, sonst beißen sie dich.« Ehrlich gesagt bekam ich dadurch erst Angst vor Hunden. Es dauerte nicht lange, und ich wurde gebissen. Ist da etwas gelungen oder misslungen? Mir scheint, der negative Kreationsprozess hat in meinem Fall Wirkung gezeigt, und in diesem Zusammenhang kann man von Erfolg sprechen.

Wenn Sie Angst haben, Ihre Stelle zu verlieren oder dass Ihr Partner Sie verlässt, und dies passiert tatsächlich, dann zeigt der negative Kreationsprozess Wirkung. Es wäre doch wirklich seltsam, sich immerfort Sorgen zu machen und diese würden nicht eintreten. Logisch betrachtet ist es jetzt an der Zeit, genau wie in der positiven Spirale, zu empfangen, anzuerkennen und zu entspannen.

Aber die Menschen sind im Allgemeinen unzufrieden, wenn ihre Sorgen Realität werden. Statt Würdigung herrscht Enttäuschung, und wer enttäuscht ist, entspannt sich nicht, sondern verspannt sich weiter. Und wer angespannt ist, macht sich noch mehr Sorgen, bekommt mehr Angstvorstellungen und glaubt noch stärker daran. Ehe Sie sich's versehen, befinden Sie sich noch tiefer in der negativen Kreationsspirale.

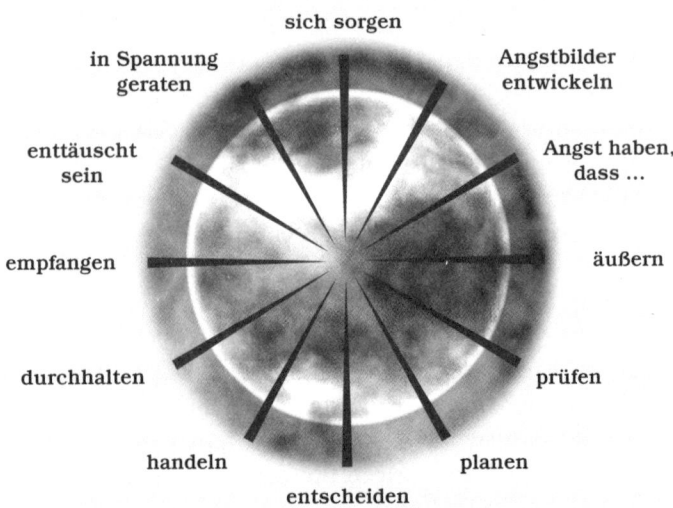

Abbildung 17: Die negative Kreationsspirale

Neben der positiven besteht also auch eine negative Kreationsspirale. So wie unsere Wünsche Vorgefühle desjenigen sind, was wir tatsächlich zu leisten im Stande sind, so sind auch unsere Sorgen Vorgefühle desjenigen, was wir tatsächlich zu leisten im Stande sind.

Abhängig vom Zeitpunkt, zu dem Sie dies lesen, und Ihrer momentanen Verfassung werden Sie sich in der einen oder der anderen Spirale wiedererkennen.

Die meisten Ereignisse unseres Lebens kann man weder mit der einen noch mit der anderen Spirale beschreiben. Die positive Spirale schildert, wie Sie durch das bewusste Realisieren Ihrer Wünsche und das bewusste Anerkennen Ihres Erfolges auf ein immer wesentlicheres Niveau des Wünschens und Schaffens gelangen. Kurz, die positive Kreationsspirale beschreibt, wie Sie wachsen. Die negative Spirale beschreibt, wie Sie immer stärker frustriert werden, wie Sie sich selbst immer tiefer ins Unglück stürzen und wie Sie sich immer weiter von Ihrem wirklichen Ziel entfernen.

Im Alltag befinden Sie sich im Allgemeinen weder in der einen noch in der anderen Spirale, sondern Sie befinden sich in der Tretmühle des Lebens, in der endlosen Wiederholung der immerfort gleichen Muster, der am laufenden Band gleichen Ereignisse und Gefühle. Sie befinden sich nicht in einer Spirale nach oben oder nach unten, sondern in einem Kreis, einem Teufelskreis, einem endlosen Kreislauf.

Dieser endlose Kreationskreislauf stellt weder das Erschaffen immer größeren Erfolges noch zunehmenden Unglücks dar, sondern die Kreation des Alltäglichen.

Der endlose Kreationskreislauf beginnt daher nicht mit Wünschen oder Sorgen, die Sie sich machen, sondern bei den Vorstellungen, die Sie früher erwarben. Ansichten und Meinungen über andere Menschen, Männer, Frauen, Berliner, Polizeibeamte, Unternehmer, Studenten, eine endlose Liste mit (Vor-) Urteilen.

Hinzu kommen Ihre Ansichten über Ihre persönlichen Eigenschaften und Ihre Chancen im Leben. Vorstellungen und Ansichten, die bestimmen, in welchem Rahmen Sie sich Ihre Zukunft vorstellen können. Vor diesem Hintergrund sprechen Sie über sich und Ihre Erwartungen. Sie umgeben sich mit Menschen, die den gleichen Hintergrund haben wie Sie oder Sie jedenfalls in Ihrem Hintergrund bestätigen.

Sie kennen Ihren Platz. Sie sehen sich zum Beispiel als Untergebener und finden jemanden, der sich gern mit Untergebenen umgibt. Sie spazieren auf der Straße und denken: »Alle Leute haben schlechte Laune« oder »Was sind die Menschen heute doch fröhlich«. Vollkommen automatisch, probieren Sie es selbst aus, fällt Ihr Blick auf jene Menschen, die Ihrer Vorstellung entsprechen. Sie bekommen also immer Recht. Wenn Sie außerdem jahrelang dieser Vorstellung anhängen, besteht Ihr Bekanntenkreis überwiegend aus schlecht gelaunten oder aus fröhlichen Menschen. Was als subjektive Meinung beginnt, endet als Ihre tatsächliche Wirklichkeit.

Wer glaubt, man könne den Menschen nicht vertrauen, hat auch einen Riecher für unzuverlässige Menschen. Ich coachte einmal einen Selbstständigen mit einem kleinen Unternehmen. Er hatte schon seit Jahren Ärger mit Kunden, die schlecht oder gar nicht bezahlten. Ich fragte ihn, ob er der Ansicht sei, dass man den Menschen nicht vertrauen könne, was er rundheraus bejahte. Meine Reaktion war: »Ja, das hat sich dann bewahrheitet.« Er kam nie wieder. Wenn Sie einmal von der Vorstellung erfüllt sind, man könne den Menschen nicht vertrauen, gibt es nur noch begrenzt Raum für Menschen, die anderer Meinung sind.

Männer, die davon überzeugt sind, dass Frauen ihre Freiheit beschränken, heiraten wahrscheinlich eine Frau, die ihren Partner kurz hält. Frauen, die erfüllt sind von der Vorstellung, dass Männer aggressiv sind, haben eine Schwäche für Männer, auf die das tatsächlich zutrifft. Man kennt seinen Platz. Faktisch suchen Sie, planen Sie, beschließen und handeln Sie, ohne sich dessen bewusst zu sein, so, dass Sie Ihre Vorstellungen vom Leben aufrechterhalten können. Sie machen die Arbeit, weil sie getan werden muss. Sie kennen es schon. Sie schlagen den altbekannten Weg ein und, falls nötig, halten Sie ihn auf Biegen und Brechen durch. Letztendlich erhalten Sie eine Welt, die mit Ihren Vorstellungen und Ansichten harmoniert. Sie bekommen ungefähr das, was Sie erwartet hatten.

Das ist nicht angenehm, aber Sie haben sich schon daran gewöhnt. Sie ertragen es, weil das Leben nun mal so ist. Sie versuchen, die schmerzhaften Seiten zu verdrängen oder zu vergessen.

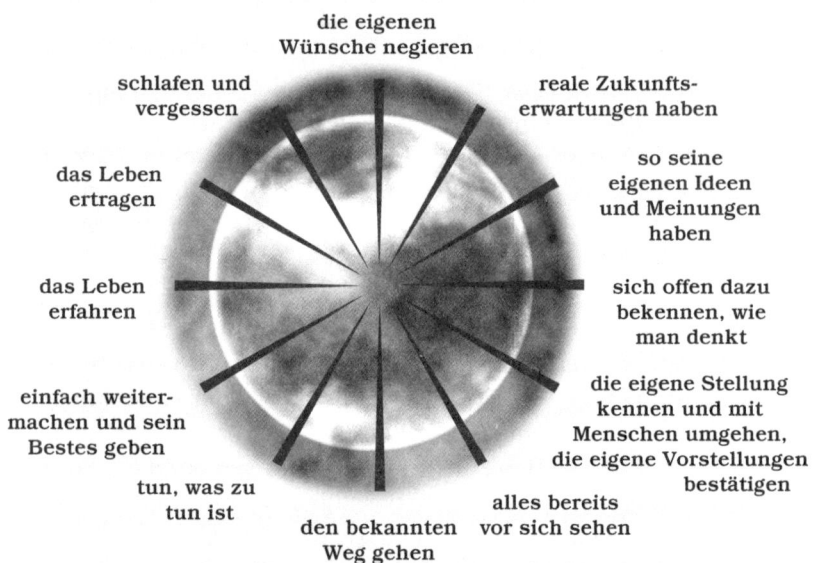

die eigenen
Wünsche negieren

schlafen und
vergessen

reale Zukunfts-
erwartungen haben

das Leben
ertragen

so seine
eigenen Ideen
und Meinungen
haben

das Leben
erfahren

sich offen dazu
bekennen, wie
man denkt

einfach weiter-
machen und sein
Bestes geben

die eigene Stellung
kennen und mit
Menschen umgehen,
die eigene Vorstellungen
bestätigen

tun, was zu
tun ist

alles bereits
vor sich sehen

den bekannten
Weg gehen

Abbildung 18: Der endlose Kreationskreislauf

102

Sie könnten in diesem Moment Ihre alltägliche Wirklichkeit auch bewusst annehmen, anerkennen, spüren und schätzen. So könnten Sie sie loslassen, Kontakt aufnehmen mit Ihrer inneren Leere und Ruhe, um aus Ihren innigsten Wünschen bzw. Ihrer tatsächlichen Bestimmung heraus eine authentischere Wirklichkeit zu schaffen.

Aber genau das machen wir Menschen gemeinhin nicht. Wir wollen es lieber nicht wahrhaben. Das Gegenwärtige wird in den meisten Fällen nicht bewusst empfangen. Wir lassen keinen Moment der Ruhe und Stille zu, durch den der Kontakt zu den tiefer liegenden Wünschen entstehen kann. Statt bewusst zu empfangen, lenken wir uns z.b. mit Alkohol, Fernsehen, Arbeit, Tageszeitungen, Geplapper ab, um unser Bewusstsein auszuschalten und uns zu betäuben. Statt unsere wahren Wünsche kennen zu lernen, bleiben wir lieber »realistisch«.

Wir negieren unsere Sehnsüchte und halten an unseren alten Vorstellungen und Erwartungen fest. Wir erleben eine permanente Wiederholung dessen, was schon besteht. Wir befinden uns in einem endlosen Kreationskreislauf. Ob wir das positiv oder negativ beurteilen, ist eigentlich egal. Wichtiger ist die Frage, ob man diese größtenteils unbewusste Wiederholung durchschauen und durchbrechen kann.

Wenn Sie sich umschauen, sehen Sie, dass manche Menschen immer wieder die gleichen Probleme haben. Einige kämpfen dauernd mit ihren Finanzen, andere haben alle naselang Schwierigkeiten, einen Arbeitsplatz zu finden und zu behalten. Wieder andere verrennen sich immer wieder in Beziehungsprobleme. Es gibt jedoch auch Menschen, die nie finanzielle Sorgen haben, immer irgendwo eine interessante Arbeit finden oder schon jahrelang eine gute und stabile Beziehung mit ihrem Partner haben.

Man gewinnt oft den Eindruck, dass bestimmte Probleme immer wieder bei bestimmten Menschen auftreten und andere Probleme hauptsächlich bei anderen. In der Praxis manövrieren Menschen sich immer wieder auf ähnliche Weise in die gleiche Art Schwierigkeiten. Mal für Mal hört man Menschen sagen, dass sie es jetzt geschafft haben, dass es jetzt besser läuft, dass sie es dieses Mal besser machen werden. Später stellt man fest, dass es doch wieder nicht funktioniert hat. Im Alltag verhalten wir Menschen uns doch eher wie Verhaltensmuster repetierende Organismen als Wünsche realisierende Schöpfer.

Wir sind also nach einem langen Umweg wieder zurückgekehrt zu der Ausgangsfrage des Buches. Die Frage des Kindes, des Physikers, des Motivators: »Können wir unsere Wirklichkeit beeinflussen oder verläuft alles, wie es kommen muss?« »Sind wir Gefangene unseres eigenen endlosen Kreationskreislaufs oder können wir diesen in positive Kreationsspiralen umwandeln?«

Sie können den endlosen Kreationskreislauf jedenfalls nicht durchbrechen, indem Sie sich einfach einmal anders verhalten oder einfach etwas anders denken. Im endlosen Kreationskreislauf sind Sie gefangen in der Welt Ihrer Vorstellungen und Ansichten, die Sie durch Ihre eigenen Kreationen dauernd bestätigen. Sie können ihn nicht ohne weiteres verlassen.

Dennoch glaube ich, dass Sie sich wiederholende Verhaltensmuster durchbrechen und diese in Wünsche realisierendes Verhalten umformen können. Das funktioniert jedoch nur, wenn Sie bereit sind, den Muster wiederholenden Charakter Ihres Verhaltens zu erkennen, ihm ins Auge zu sehen. Sie müssen sich darüber klar werden, dass Sie es sind, der sein Verhalten immer wiederholt, und zwar ohne dass Sie dieses »dumme Verhalten« bei sich verurteilen. Denn dieses Verhalten ist nicht dumm, sondern das natürliche Verhalten eines Menschen, der mit Ideen erzogen worden ist, die nun zu Unannehmlichkeiten führen.

Betrachten Sie das Unangenehme, das Ihnen widerfährt, als eigene Kreationen. Gestehen Sie sich ein:»Aha, es wurde eingebrochen, es ist mir geglückt.«»Aha, ich habe schon wieder einen Chef, einen Partner, einen Freund, der mich nicht respektiert.« Aber auch:»Ich fühle mich wieder gestresst, unzufrieden, besorgt, bedrückt oder auf andere Art unglücklich.« Denn auch diese Gefühlszustände sind Teil des endlosen Kreationskreislaufs, den Sie sich im Laufe Ihrer Entwicklung zu Eigen gemacht haben und den Sie unwillkürlich immer und immer aufs Neue wiederholen.

S ie denken jetzt vielleicht: »Gut, aber wie steht es denn um den andern, denjenigen, der mir dieses Unglück zufügt? Der ist doch verantwortlich für die Tatsache, dass ich nicht verstanden oder nicht respektiert werde. Er verhält sich doch so?« Der andere spielt in Ihrem Leben in der Tat die Rolle des Täters. Das stimmt. Wahrscheinlich ist dies Teil seines endlosen Kreationskreislaufs.

Sie können jetzt natürlich versuchen, den anderen von seinen negativen Verhaltensmustern zu befreien. Das ist genau das, was viele Menschen in einer solchen Situation probieren werden. Manchmal versucht man es sogar jahrelang, oft ohne jeglichen Erfolg. Es ist jedoch effektiver, Ihre eigene Rolle innerhalb dieses Stücks zu bearbeiten, damit Sie den anderen als Täter nicht mehr nötig haben.

Solange Sie davon ausgehen, dass etwas Ihnen passiert oder Ihnen angetan wird, sind Sie machtlos. Erst wenn Sie bereit sind, die Rückschläge, die Sie erleben, als Ihre eigenen Kreationen zu interpretieren, und wenn Sie davon ausgehen, dass Sie der Schöpfer dessen sind, was Ihnen widerfährt, erst dann geben Sie sich die Macht, etwas daran zu verändern.

Nochmals, es geht ausdrücklich nicht darum, sich wegen dieses Verhaltens zu verurteilen. Es ist nicht Ihre Schuld und Sie haben dieses unerwünschte Muster nicht, weil Sie ein Stümper sind. Sie haben es irgendwann gelernt, damals, als Sie gerade laufen und sprechen konnten. Sie haben es sich unbewusst angeeignet, nicht weil Sie es wollten, sondern weil die Natur so funktioniert. Die Kleinen imitieren die Großen.

Es ist nicht Ihre Schuld, aber Sie sind der Einzige, der etwas daran ändern kann. Akzeptieren Sie die Umstände, in denen Sie leben, als Ihre Kreation. Übernehmen Sie die Verantwortung und erlangen Sie so die Macht und die Fähigkeit, Ihre Wirklichkeit nach eigenen Wünschen zu formen.

In der Praxis ist Kreieren nicht nur der Weg vom Wunsch zur Wirklichkeit, der Weg von wünschen, vorstellen, äußern, prüfen, planen, entscheiden, handeln über durchhalten zu empfangen. Das sind nur drei Viertel der Geschichte. In der Praxis hat Kreieren mit dem Weg aus dieser Gegenwart in eine neue Gegenwart zu tun. Der Weg, das Gegenwärtige zu akzeptieren, dabei das Unerwünschte zu erkennen und loszulassen, um danach den Weg vom Wunsch zur Wirklichkeit zu gehen.

Das Realisieren des Erfolgs beginnt nicht mit der bewussten Anwendung der positiven Kreationsspirale, sondern beim Erkennen und bewussten Durchbrechen des endlosen Kreationskreislaufs. Wie Sie das konkret angehen, davon handelt unter anderem der zweite Teil dieses Buches: *Die Praxis*.

Teil 2

Die Praxis

»An einem Apfelbaum wachsen keine Birnen.«

5 Die sechs Gebäude

Die Zwölf-Punkte-Skala der Kreationsspirale ist hervorragend geeignet für eine theoretische Beschreibung oder eine philosophische Abhandlung des Kreationsprozesses. Um effektiv mit der Kreationsspirale arbeiten zu können, ist die Einteilung in sechs Arbeitsgebiete jedoch viel praktischer.

Entspannen – wünschen – vorstellen, jener Teil des Kreationsprozesses, in dem Sie in Ruhe mit sich selbst beschäftigt sind: **Stillearbeit.**

Vorstellen – glauben – äußern, die Phase, in der Sie für eine klare und positive mentale Einstellung sorgen: **Positive Denkarbeit.**

Äußern – prüfen – planen, der Zeitraum, in dem Sie nach den »Zutaten« suchen, dem Ort und den Menschen, mit denen Sie Ihre Träume realisieren können: **Netzwerke knüpfen.**

Planen – entscheiden – handeln: An der Grenze zwischen denken und handeln legen Sie die Route fest: **Strategiearbeit.**

Handeln – durchhalten – empfangen: Sie arbeiten, geben nicht auf, realisieren Ihre Pläne und machen aus Ihren Fantasievorstellungen Wirklichkeit: die **»echte«, eigentliche Arbeit.**

Empfangen – würdigen – entspannen: Hier beginnt und endet jeder Kreationsprozess. Sie nehmen das Unerwünschte hin und lassen es los. Sie empfangen das Erwünschte, genießen und teilen es: **Gefühlsarbeit.**

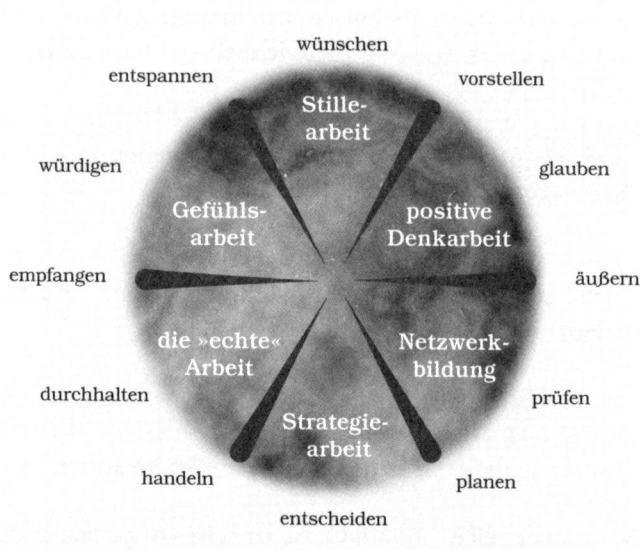

Abbildung 19: Die sechs Arbeitsgebiete sind für den Menschen so unent-
behrlich wie für den Apfelbaum die vier Jahreszeiten.

Die sechs Arbeitsgebiete: Stillearbeit, positive Denkarbeit, Netzwerkbildung, strategische Arbeit, wirkliche Arbeit und Gefühlsarbeit erfordern, jedes gesondert, eine eigene, angepasste Arbeitsstätte. Ein Raum zur Besinnung wie z.b. eine Kirche könnte eine angemessene Arbeitsstätte für Stillearbeit sein. Die Entwicklung von Selbstvertrauen, die positive Denkarbeit, erfordert eine Umgebung, in der Sie sicher lernen können, wie z.b. eine Schule. Netzwerke knüpfen Sie an einem Ort, an dem Denken und Kommunizieren im Mittelpunkt stehen, einem Ort, der mit Schreibtischen, Telefonen, Computern und Versammlungsräumen ausgestattet ist, einem Büro. Die strategische Arbeit erfordert ein ruhiges, jedoch auch irdisches Ambiente, einen Ort, an dem wohlüberlegt Beschlüsse gefasst werden können, wie in einem Rathaus. Die tatsächliche Arbeit wird in der Werkstatt geleistet. Die Gefühlsarbeit schließlich, das Feiern und Trauern, findet im Hinterzimmer einer Gaststätte oder in einem Café statt.

Die sechs Arbeitsfelder der Kreationsspirale werden durch sechs Gebäude symbolisiert: eine Kirche, eine Schule, ein Büro, ein Rathaus, eine Werkstatt, eine Gaststätte.

Es handelt sich allerdings um eine Kirche, in der Sie Kontakt aufnehmen mit Ihren Wünschen, eine Schule, in der Sie lernen, sich selbst zu vertrauen, ein Büro, in dem Sie sinnvolle Verbindungen knüpfen, ein Rathaus, in dem Sie nach reiflicher Überlegung Beschlüsse fassen, eine Werkstatt, in der Sie die Arbeit machen, die Sie lieben, und ein Café ohne Alkohol, denn alle Emotionen werden bei vollem Bewusstsein durchlebt.

Abbildung 20: Die sechs Gebäude. Ein Mensch kann nicht wachsen ohne Stille, Selbstvertrauen, Netzwerke, Strategien, Arbeiten oder ohne Gefühlsleben.

Die sechs Gebäude beherbergen sechs Fachgebiete. Jedes Gebäude hat seine eigenen Lehrer. Der Motivator lehrt Sie, positiv zu denken. Der Kreativitäts- und Kommunikationstrainer unterstützt Sie beim Aufbau eines funktionellen Netzwerks. Bei der strategischen Arbeit benötigen Sie Berater und Gutachter, die Sie beim Treffen wichtiger Entscheidungen unterstützen. Für die wirkliche Arbeit finden Sie Dozenten, die Ihnen beim Erwerb von Fachwissen und praktischen Fertigkeiten helfen. Bei der Gefühlsarbeit brauchen Sie einen Therapeuten, der Sie beim Loslassen alter, unerwünschter Verhaltensmuster begleitet. Für die Stillearbeit schließlich treffen Sie auf den spirituellen Lehrmeister, der Sie in die Welt der Meditation einführt, der Sie in Kontakt bringt mit Ihrer inneren Stille und der Sie mitnimmt auf Entdeckungsreise zu Ihrem wahren Ich.

Obwohl sich die sechs Arbeitsfelder in der Praxis teilweise überschneiden, ist dennoch wichtig zu erkennen, wie sich die Fachgebiete des Therapeuten, des spirituellen Lehrmeisters, des Motivators, des Kreativitäts- und Kommunikationstrainers, des Beraters und des Fachdozenten unterscheiden.

Wir Menschen tendieren dazu, zur Lösung unserer Probleme immer die gleichen ein oder zwei der sechs genannten Begleiter zu Rate zu ziehen. Man benötigt jedoch das Können aller sechs Fachgebiete in gleichem Maße. Man kann nicht ein Fachgebiet einfach auslassen.

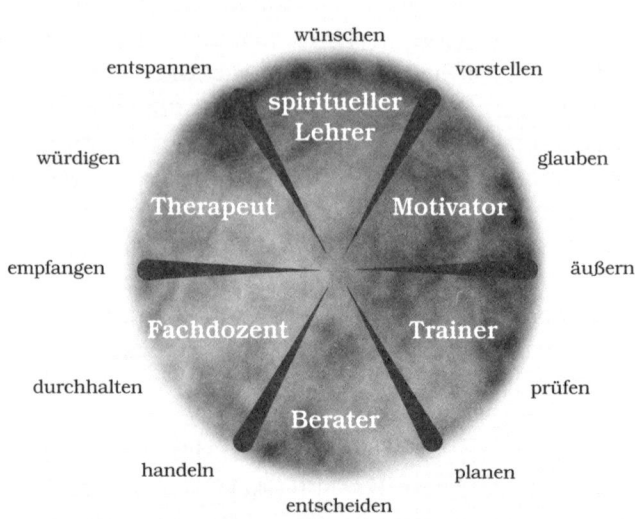

Abbildung 21: Die sechs Spezialgebiete. Nur wenn Sie sich auf jedem Gebiet zurechtfinden, werden Sie zur vollen Entfaltung kommen.

6 Das erste Gebäude: Gefühlsarbeit

Jeder neue Kreationsprozess beginnt damit, das Gegenwärtige zu empfangen, zu würdigen und loszulassen. Das Verlangen, etwas Neues zu schaffen, entsteht aus der Erfahrung, dass die Gegenwart nicht das ist, was Sie sich wünschen. Sie möchten etwas verändern. Um das Gegenwärtige verändern zu können, fangen Sie an, es bewusst ins Auge zu fassen und zu akzeptieren.

Ein konkretes Beispiel aus aktuellem Anlass: Wenn ich schreibe, habe ich häufig das Gefühl, ich könne überhaupt nicht schreiben. Plötzlich weiß ich nicht mehr, was ich schreiben will. Ich habe noch nie schreiben können. Ich kann auch nicht mehr überblicken, was ich schon geschrieben habe. Kurzum, ich kann es nicht. Ich gerate in Panik. Ich blockiere mich.

Es ist mein Wunsch, ein schönes, inspirierendes Buch zu schreiben. Das habe ich visualisiert, ich sehe es deutlich vor mir. Doch es gelingt mir nicht, denn es gibt eine alte Wirklichkeit, die immer noch lebendig ist und viel mächtiger als mein Wunsch. Es ist jene Wirklichkeit, die ich als Kind in der Grundschule erlebte. Die Lehrerin sagt: »Deine Schrift ist fürchterlich.« Ich mache dauernd Schreibfehler. Jeder Aufsatz ist eine Tortur, nach dem ersten Satz ist mein Kopf wie blockiert. Ich kann nicht schreiben. Glücklicherweise, so dachte ich jedenfalls, bin ich gut im Rechnen. Sonst hätte es mit mir in der Schule und später auf der Universität kein gutes Ende genommen. Also, ich kann nicht schreiben. Dieses Programm ist fest eingemeißelt.

Doch möchte ich meinen Wunsch nicht aufgeben. Wie muss ich jetzt weiter vorgehen? Die Kreationsspirale lehrt mich, zuerst die Realität zu akzeptieren, sie zu würdigen, um sie dadurch loslassen zu können, damit ich anschließend etwas Neues schaffen kann. Aber wie funktioniert das?

Schritt 1: Erkennen Sie, dass es Ihr eigenes Muster ist. Dass es, wie in meinem Fall, nicht am Stift liegt, nicht am Licht, an den Geräuschen oder an meiner Freundin, die mich im falschen Moment stört. Nein, es ist mein wohlbekanntes Muster. Ich sitze vor einem leeren Blatt Papier: Alles in mir blockiert, ich kann nicht schreiben. Es ist mein Muster, das sich wiederholt.

Schritt 2: Lassen Sie es zu, spüren Sie, wie es sich anfühlt, blockiert zu sein. Empfangen Sie dieses Gefühl, geben Sie sich völlig hinein, und vergessen Sie kurz, wodurch es verursacht wurde. Sprechen Sie nicht darüber, denken Sie nicht darüber nach, sondern seien Sie gewissermaßen selbst dieses Gefühl. Lassen Sie es Ihren Körper völlig durchdringen. Bewegen Sie sich in dem Gefühl: Gehen, sitzen, liegen Sie, lassen Sie sich hängen. Lassen Sie auf Ihrem Gesicht eine Grimasse erscheinen, sodass die anderen sofort sehen können, in welchem Zustand Sie sich befinden.

Schritt 3: Machen Sie jetzt noch Laute dazu. Wohlgemerkt, nur Laute und keine Worte. Lassen Sie auf diese Weise das unangenehme Gefühl, das Sie wieder und wieder überkommt, Gestalt annehmen. Sobald das funktioniert, verharren Sie kurz in dem Gefühl, schauen und hören Sie von innen heraus auf sich. Wenn Sie das schaffen, passiert etwas Seltsames. Sie werden der Zuschauer Ihres Gefühls. Und wenn Sie erst einmal Zuschauer sind, verlässt Sie das Gefühl.[6]

Wenn Sie sich wieder einmal in einem von Ihnen unerwünschten Kreationskreislauf befinden, dann merken Sie dies, weil Sie sich nicht gut fühlen. Das ungute Gefühl ist ein Signal, eine Warnung, dass es wieder so weit ist. Sie befinden sich auf den eingefahrenen Gleisen eines alten, unerwünschten Musters.

Meist werden Sie beim Durchleben einer unangenehmen Stimmung nach einer rationellen Ursache suchen. Machen die Menschen in Ihrem Umfeld etwas verkehrt? Sind die Umstände ungünstig? Oder machen Sie selbst vielleicht einen Fehler?

Man möchte eine logische Erklärung oder eine praktische Lösung finden. Sie mögen dadurch übersehen, dass es sich um Ihr eigenes unerwünschtes Muster handelt, das sich natürlicherweise wiederholt. Die Leute erkennen Ihre Qualitäten nicht oder lassen Sie nicht ausreden. Sie denken: »Die anderen tun mir etwas an« oder »Wie blöd ich doch bin.« Nein, die anderen tun Ihnen nichts an und Sie sind auch nicht blöd, sondern Sie haben sich mehr oder weniger selbstverständlich in einem alten, tief verwurzelten, zwar unangenehmen, aber überaus starken Muster festgefahren.

Gehen Sie das nächste Mal, wenn Sie sich schlecht fühlen, nicht davon aus, dass jemand Ihnen etwas antut oder dass Sie dumm sind, sondern dass Sie selbst der hartnäckige Wiederholer eines Musters sind. Denken Sie nicht nach, durch wen oder was es passiert, sondern konzentrieren Sie sich darauf, wie es sich anfühlt, dieses Gefühl wieder erleben zu müssen.

Wenn Sie das unangenehme Gefühl, das Ihnen den Weg vom Wunsch zur Wirklichkeit versperrt, spielen können, übertreiben können, anderen zeigen können und darüber lachen können, dann haben Sie das Gefühl im Griff und es hat Sie nicht länger im Griff.

Es klingt so einfach: »Spielen Sie mit Ihren Emotionen, genießen Sie sie und überwinden Sie sie.« Wenn das so einfach hilft, warum tun wir es dann nicht? Warum ist Gefühlsarbeit in der Praxis so schwierig? Warum finden wir sie so komisch? Als Kind taten wir automatisch das Richtige. Kinder verleihen ihren Gefühlen unmittelbar Ausdruck und produzieren auch die entsprechenden Laute. Dadurch entladen sie die angestaute Spannung und lindern eventuellen Schmerz.

Es sind die Erziehenden, die ihre Kinder gelehrt haben, ihre Gefühle zu beherrschen. In Abhängigkeit von Eltern, Lehrern und den Nachbarn haben wir gelernt, das Äußern von Gefühlen wie Wut, Enttäuschung, Ungeduld und Traurigkeit mehr oder weniger zu unterdrücken.

Das Zeigen und vor allem das Äußern von Gefühlen, nicht zu verwechseln mit dem Sprechen über sie, ist in unserem Kulturkreis ein gängiges Tabu. Schauspieler, Sänger und Conférenciers dürfen es gerade deshalb, zumindest während ihrer künstlerischen Arbeit. Von uns gewöhnlichen Menschen erwartet man, dass wir es uns in der Öffentlichkeit verkneifen, unsere Emotionen zurückhalten und sie uns für zu Hause, wenn wir ganz allein sind, aufheben.

Weil das Darleben von Emotionen verboten ist, fangen wir an, darüber nachzudenken, zu sprechen. Wir vertiefen uns in die Schuldfrage. Ist es meine Schuld oder seine Schuld? Wir urteilen und verurteilen. Es entwickelt sich eine lange Litanei, wie schlimm alles sei. Eine Litanei, die wir Mal für Mal wiederholen. Eine Litanei, mit der wir das Unerwünschte in uns am Leben erhalten, wie wir bei der positiven (und negativen) Denkarbeit sehen werden.

In der Zwischenzeit versuchen wir, unsere unangenehmen Gefühle zu betäuben, zu negieren und zu verdrängen. Wir flüchten vor ihnen. Aber nach innen sparen wir sie uns auf. Das Tragische ist, in dem Maße, in dem man ein Gefühl zurückhält, also aufspart, in dem Maße wird es äußerlich sichtbar.

Wer seinen Kummer, seine Wut oder Machtlosigkeit negiert und verbirgt, sieht für den Außenstehenden immer trauriger, wütender oder machtloser aus. Komischerweise lassen wir traurige Menschen eher im Stich, ärgern die Wütenden mehr und missbrauchen leichter Menschen, die machtlos wirken. Mit anderen Worten, dadurch dass man seine unerwünschten Gefühle unterdrückt, erzeugt man in seiner Umgebung genau jenes Verhalten, durch welches man wieder bei seinem elenden Gefühl ankommt. Das Verbergen von Gefühlen misslingt immer. Wer probiert, seine Angst hinter einem scheinbar selbstsicheren oder aufschneiderischen Auftreten zu verbergen, hält sich selbst zum Narren und geht viel mehr Risiken ein als derjenige, der seine Angst bewusst erlebt und danach handelt.

Wenn wir uns von unseren unerwünschten endlosen Kreationskreisläufen befreien wollen, müssen wir lernen, neu zu fühlen und zu äußern. Jede Gefühlsregung hat ihren eigenen physischen Ausdruck. Je nach Stimmungslage wechselt Ihr Gesichtsausdruck, und Ihr Körper nimmt eine bestimmte Haltung an. In Kontakt mit den eigenen Gefühlen zu stehen bedeutet, sinnlich wahrzunehmen, was sich in diesem Augenblick in Ihrem Körper abspielt.

Schlechte Gefühle verursachen unangenehme Spannungen. Sie bekommen zum Beispiel Bauchschmerzen, fühlen sich bedrückt, zucken mit Ihrem Mund oder den Augenbrauen. Erspüren und studieren Sie Ihre körperlichen Symptome. Nehmen Sie sie bewusst wahr. Sprechen Sie nicht über das, was Sie irritiert. Sprechen Sie nicht über das Gefühl, sondern spüren Sie es, geben Sie ihm einen körperlichen Ausdruck und entdecken Sie, wie angenehm das sein kann. Brechen Sie das Tabu, das Ihnen den Weg zum Erfolg versperrt.

Gefühlsarbeit bedeutet, jene Eigenschaft zu ergründen, die hinter dem unangenehmen Gefühl verborgen liegt. Nehmen Sie zum Beispiel Wut. Wer seine Wut annimmt und anerkennt, lernt, seine eigene Stärke zu genießen, und entwickelt Selbstachtung.

Wut ist alte, unterdrückte, nicht ausgelebte und dadurch versauerte Kraft. Deshalb ist Wut oft so hässlich und bösartig. Doch eine direkt geäußerte Reaktion auf das Überschreiten Ihrer Grenzen ist schön, stark und gesund.

Wenn Sie regelmäßig wütend sind über die Art, wie andere Sie behandeln oder wie die Menschen in Ihrer Umgebung miteinander umgehen, dann ziehen Sie sich an einen Ort zurück, an dem Sie sich lautstark gehen lassen können. Stellen Sie sich jetzt die Person oder Situation vor, die Sie wütend macht, und lassen Sie Ihre Wut kommen. Übertreiben Sie sie, blasen Sie das Gefühl auf. Fangen Sie an, wie ein wild gewordener Affe oder ein brüllender Löwe drohende Gebärden und Laute zu produzieren.

Sprechen Sie nicht dabei. Denn sobald Sie Worte gebrauchen, den anderen beschimpfen, ihm Vorwürfe machen oder fluchen, verschiebt sich Ihre Aufmerksamkeit vom Erleben Ihres Gefühls auf eine verstandesmäßige Ebene des Wie und Warum. Im Grunde beginnen Sie eine Runde negative Denkarbeit.

Durch die Konzentration auf das körperliche Erleben und auf das freie Äußern Ihres Zorns finden Sie zu einer Haltung, die zu Ihrem Gefühl von Stärke und Selbstachtung passt. Sie sind ein kraftvolles Geschöpf, das andere respektvoll behandeln sollten. Sie sind groß, stark und wichtig. Sie merken, wie herrlich es eigentlich ist, wütend zu sein. Nach einer Weile werden Sie wie von selbst über sich lachen. Dann behalten Sie Ihr Gefühl der Stärke und verlieren die Wut.

Erst dann treten Sie mit Ihrem neuen Gefühl der Stärke und Selbstachtung demjenigen oder der Situation entgegen, die Sie so wütend machte. Ihre Chancen, jetzt respektvoll behandelt zu werden, sind enorm gestiegen.

Vielleicht erinnern Sie sich noch, wie sich früher ein Lehrer aufregte, wenn Sie ihn durch Ihre Streiche in Rage gebracht hatten. Der Lehrer verlor den Respekt seiner Schüler. Denn er zeigte mit seiner Wut im Grunde auch sein Unvermögen, zum richtigen Zeitpunkt seine Grenzen aufzuzeigen. Der Lehrer dagegen, der, wenn er es für nötig hielt, spielen konnte, dass er wütend war, genoss Respekt.

Wenn Sie Ihre Wut spielen können, haben Sie sie im Griff. Dann können Sie, falls nötig, Ihren Ärger benutzen, um damit klar und deutlich Ihre Grenzen aufzuzeigen. Wenn Sie Ihre Wut allerdings zurückhalten und ansammeln, bis Sie sich nicht mehr zurückhalten können und schließlich explodieren, entsteht eine feindselige Stimmung, in der Sie sowohl sich als auch andere verletzen können.

Sie reiben sich auf bei der Beschreibung der Ungerechtigkeit im Verhalten der anderen. Sie erreichen dadurch, dass Sie eine unerwünschte Vorstellung pflegen und verstärken, die Vorstellung einer ungerechten Welt. Damit haben Sie vielleicht sogar Recht, aber wenn Sie möchten, dass die Welt sich ändert, nutzt Ihnen Rechthaben nicht viel, im Gegenteil.

Wer oft wütend ist, hat ein Bedürfnis nach Respekt der anderen, nach mehr Stärke und Autorität. Dadurch, dass Sie Ihren Ärger zulassen, ihn spielen können und zu genießen wissen, entwickeln Sie genau das, was Sie brauchen. Sie werden von dem Bösen erlöst und kommen in die Welt, die Sie sich wünschen. Eine Welt, in der man Sie respektiert.

Jedes unangenehme Gefühl birgt eine neue Qualität in sich. Ist Ihre Wut eine Aufforderung, Ihre innere Stärke zu genießen, so ist Angst eine Aufforderung, Abenteuer intensiv zu erleben.

Stellen Sie sich vor, Sie leiden regelmäßig unter störenden Ängsten. Sie haben beispielsweise Angst, jemandem Ihre Liebe zu gestehen, oder Sie haben Angst vor Einbrechern. Ziehen Sie sich einmal zurück. Spielen Sie die Angst, werden Sie eins mit Ihrer Angst. Kriechen Sie mit Ihrem ganzen Körper in eine ängstliche Haltung, ziehen Sie eine ängstliche Grimasse und bringen Sie den Klang Ihrer Angst hervor. Fühlen Sie, wie angenehm spannend das ist.

Ich betreute einmal einen Rennfahrer und fragte ihn, ob er jemals Angst habe. »Nein«, erwiderte er, »ich finde es spannend.« Wenn Sie es nicht wagen, Ihre Angst bewusst zu erleben, werden Sie Mühe haben, ein abenteuerliches Leben zu führen. Wenn Sie dem Abenteuer, welches das Leben unweigerlich mit sich bringt, ausweichen wollen, staut sich die Spannung und Sie werden ängstlich. Wenn Sie regelmäßig ängstlich sind, wünschen Sie sich wahrscheinlich mehr Abenteuer im Leben. Genauso wie der Wütende, der sich wahrscheinlich nach mehr Respekt sehnt.

Jede unangenehme Gefühlsregung birgt einen Schatz in sich. Tatsächlich sind unangenehme Emotionen eine Aufforderung, diesen Schatz zu heben. Darum tauchen die unangenehmen Gefühle so hartnäckig immer wieder auf. So lange, bis Sie den Schatz gefunden haben.

Einer der wertvollsten Schätze, die ich bei mir gefunden habe, war hinter der Langeweile verborgen. Solange ich mich erinnern kann, suchte mich ein Gefühl der Langeweile heim. Von Kindesbeinen an bis vor ein paar Jahren habe ich mich nahezu täglich, manchmal stundenlang, gelangweilt. Bis ich beschloss, das Gefühl der Langeweile anzunehmen.

Zwei Wochen lang spielte ich täglich eine Stunde lang mit meiner Langeweile. Ich versetzte mich in das Gefühl hinein, übertrieb es und stieß Laute aus. Zu meiner Überraschung entwickelte sich nach einigen Tagen eine Art monotoner tibetanischer Mönchsgesang, eine Form von Meditation. Da erlebte ich, wie herrlich Langeweile sein konnte. Seither habe ich mich nie mehr gelangweilt.

Sobald Sie die verborgene Eigenschaft gefunden und sie sich zu Eigen gemacht haben, verschwindet das ursprünglich unangenehme Gefühl aus Ihrem Leben. Auf wunderbare Weise lösen sich dann die unerwünschten Umstände, die den Anlass boten, von selbst in Luft auf.

Solange Sie damit beschäftigt sind, die Ursachen der negativen Gefühle zu bekämpfen, negieren Sie den verborgenen Schatz. Wenn Sie ihn suchen und finden, verschwinden die Ursachen. Sie könnten den Menschen und Umständen, die bei Ihnen unangenehme Gefühle verursachen, sogar dankbar sein, denn sie bieten Ihnen jedes Mal die Gelegenheit, bedeutende, bisher verborgen gebliebene Qualitäten zum Leben zu erwecken.

Langeweile schenkte mir Meditation, Wut schenkte mir Selbstachtung und Angst lehrte mich, Abenteuer zu genießen. Ich entdeckte auch, dass Machtlosigkeit Hingabe überdeckt, Müdigkeit mich zur Entspannung führt und Traurigkeit Lust verbergen kann. Ebenso Stress, Einsamkeit, Sorge, Eile, Verlegenheit, sich nicht verstanden fühlen, Lustlosigkeit, Unsicherheit oder nicht schreiben können – alles hat verborgene Qualitäten. Aber es ist vielleicht gar nicht in Ihrem Interesse, dass ich hier alle Schätze ausplaudere …

Die persönliche Erfahrung, nicht die Einsicht, zählt und führt zu einer grundlegenden Veränderung. Durchleben Sie Ihre eigenen unangenehmen Emotionen und entdecken Sie, welche Schönheiten sie bereithalten.

Hören Sie auf, über die Ursachen Ihrer negativen Gefühle nachzudenken, zu sprechen oder zu klagen. Beklagen Sie sich nicht über Ihre Eltern und Erzieher. Natürlich stammt der ganze Ärger noch von damals. Schauen Sie sich einen Kabarettisten, einen Schauspieler an. Viele sind Meister im Akzeptieren und bewussten Wiederauflebenlassen alter, unangenehmer Gefühle. Beobachten Sie, wie sie durch ihre öffentliche Darstellung altes Leid in Wärme und Mitgefühl transformieren, und spüren Sie, wie entspannend und erlösend das wirkt.

Heißen Sie negative Gefühle willkommen und spielen Sie damit. Teilen Sie diese Gefühle mit anderen und lassen Sie sie über sie lachen. Erleben Sie, wie das Spiel mit Ihren Emotionen Sie entspannt und Sie zu einer Quelle innerer Ruhe und des Selbstvertrauens führt. Erfahren Sie, was Ihr Gefühl Ihnen über verborgene Qualitäten des Lebens, das Sie wirklich möchten, mitteilt.

7 Das zweite Gebäude: Stillearbeit

Stillearbeit ist die spirituelle Seite des Kreationsprozesses. Die Emotionen sind ausgelebt. Sie sind zur Ruhe gekommen. Die Zeit ist reif für eine Reise nach innen. Sie haben alle Turbulenzen der Gegenwart überwunden. Sie sind bereit, der formlosen Stille in Ihnen zu begegnen. Jetzt ist der Zeitpunkt für Einkehr und Meditation. Sie sind in diesem Bereich allein und nur auf sich angewiesen.

In der Stille nehmen Sie Kontakt zu Ihren tiefsten Sehnsüchten auf, zu Ihrem wahren Ich, zu Ihrer Bestimmung. Dies ist die am wenigsten greifbare Phase jedes neuen Kreationsprozesses. Ohne zu urteilen oder zu verurteilen lernen Sie Ihre Sehnsüchte kennen, empfangen Sie Ihre Wünsche.

Anschließend können Sie diese Wünsche übertragen in eine konkrete, sinnlich wahrnehmbare Gestalt. Ausgehend vom Ihnen offenbarten Wunsch entwerfen Sie die Form, in der Sie ihn erleben wollen. Dies ist der schöpferischste Teil des Kreationsprozesses.

Den gesamten Prozess der Einkehr, der Kontaktaufnahme zu Ihren Wünschen, denen Sie dann eine vorstellbare Form geben, erleben Sie am besten mit geschlossenen Augen und Ohren. Sie verwenden Ihre Sinne jetzt nicht zur Außenwahrnehmung, sondern um von innen heraus etwas Neues zu kreieren. Außer sich selbst und innerer Ruhe benötigen Sie nichts und niemanden.

Der erste Schritt bei der Stillearbeit heißt: Entspannen. Entspannen ist übrigens ein irreführender Begriff, weil er ausdrückt, was Sie in dem Augenblick nicht machen sollen, nämlich angespannt sein. Wenn sie jemanden darauf hinweisen, was er unterlassen soll, riskieren Sie, ihn auf verkehrte Gedanken zu bringen. Entspannen bedeutet im Rahmen der Kreationsspirale beispielsweise nicht »sich einen gemütlichen Abend machen und irgendwo ein Schlückchen trinken«, sondern alle Aufmerksamkeit, Ihr ganzes Bewusstsein nach innen zu richten.

Im vorhergehenden Arbeitsgebiet, der Gefühlsarbeit, setzten Sie das Wahrnehmen Ihrer unangenehmen Gefühle ein, um mit Ihrer Aufmerksamkeit nach innen zu gelangen. Es gibt weitere (Meditations-)Techniken, die Ihnen den Weg in Ihre innere Erlebniswelt weisen. Vor allem in östlichen Kulturen wurde auf diesem Gebiet viel experimentiert. Yoga, transzendentale Meditation, Tantra, Trance-Tänze, Atemübungen, aber auch das Betreten einer Kirche, das Betrachten einer Landschaft und das Anhören von Musik können zu tiefer Einkehr führen.

Man findet vielerlei Arten von Meditationstechniken, die allesamt eines gemeinsam haben: Auf unterschiedliche Weise wird bewusste Wahrnehmung als Mittel eingesetzt, um den Weg nach innen zu finden. Sie können Ihr Augenmerk praktisch auf jeden beliebigen Sinneseindruck richten und diesen als Ausgangspunkt verwenden, um mit Ihrem inneren Universum in Kontakt zu treten.

Eine einfache und häufig eingesetzte Entspannungstechnik funktioniert wie folgt: Ziehen Sie sich an einen ruhigen Ort zurück, schließen Sie die Augen, akzeptieren und spüren Sie das, was »ist«.

Wie fühlen sich Ihre Füße und Beine an? Wie ist es mit Ihrem Bauch, Ihrem Rücken, Ihren Armen und Händen, Ihrem Hals, Kopf und Gesicht? Entspannung können Sie nicht aktiv durchführen. Sie können Entspannung zulassen. Wie muss man sich das vorstellen? Sie richten Ihre Aufmerksamkeit ruhig und bewusst auf das Wahrnehmen von Spannung. Diese Fokussierung führt von allein zur Entspannung. Ihre Arme werden schwer, Ihre Füße werden schwer, Ihr Körper entspannt sich.

Richten Sie Ihre Aufmerksamkeit auf Ihre Atmung. Spüren Sie die Energie, die Sie mit jedem Atemzug einsaugen. Nehmen Sie bewusst wahr, wie Sie die von Ihnen angereicherte Luft immer wieder ausstoßen. Entspannung, wie sie in der Kreationsspirale gemeint ist, ist eine Aktivität. Keine Aktivität wie Sport treiben oder sich erholen, sondern im Sinne des bewussten, willentlichen Erreichens eines entspannten Bewusstseinszustandes.

Der intensivste Entspannungsgrad, den die meisten Menschen bei vollem Bewusstsein erreichen können, ist ein Bewusstseinszustand zwischen Wachen und Schlafen. Medizinisch bezeichnet man einen solchen Zustand als Alpha-Zustand. Er ist messbar mittels unserer Hirnstromfrequenz.

Bevor er einen neuen Kreationszyklus in Gang setzt, zieht sich der Mensch zurück in sein Innenleben, gleich dem Obstbaum, der sich zum Winter in seine Wurzeln zurückzieht.

Einmal dort angekommen, wird es Zeit, sich Fragen zu stellen: »Wonach sehne ich mich eigentlich? Was möchte ich mit meinem Leben anfangen?« Aber auch: »Wozu habe ich gerade Lust?« Welches Verlangen entdecken Sie, wenn Sie nach innen schauen, welche Wünsche sind in Ihnen lebendig?

Versuchen Sie, unabhängig von der Außenwelt, sich bewusst zu werden, was Sie möchten. Was zieht Sie an, was fesselt Sie? Was möchten Sie erhalten und was möchten Sie einbringen? Was möchten Sie erleben und was möchten Sie für andere bedeuten? Und was möchten Sie letztendlich zurücklassen, wenn Sie später die Erde verlassen? Versuchen Sie sich zu erinnern, wofür Sie gekommen sind. Kennen Sie Ihren Wunschtraum aus Kindertagen noch? Was war das Wesentliche Ihrer Zukunftsvorstellung? Welche Qualität wollten Sie Ihrem Leben dadurch verleihen?

Eine Art, wie man herausfinden kann, was man wirklich möchte, ist, sich zu fragen, welche Thematik oder Problematik in Ihrem Leben immer wieder auftaucht. Womit beschäftigen Sie sich immer wieder aufs Neue? Betrachten Sie dies als Hinweis auf Ihren Wunsch, zu einer Welt beizutragen, in der Sie mit diesem Thema etwas Positives, etwas Gutes erreichen. Seien Sie dabei nicht zu bescheiden, lassen Sie sich gehen. »Sie erweisen der Welt keinen Dienst, wenn Sie sich als unbedeutend bezeichnen.«[4]

Aber gibt es denn keine irrealen Wünsche? Ja, natürlich, jeder kann sich irreale Wünsche ausdenken. Sie wollen mit eigener Kraft fliegen lernen, einen Supermarkt auf dem Mond eröffnen oder vor dem Brandenburger Tor einen ökologischen Bauernhof errichten. Sie können sich unendlich viele irreale Wünsche ausdenken.

Aber in all den Jahren, in denen ich mit der Kreationsspirale arbeite, habe ich noch nie jemanden getroffen, der von sich aus einen irrealen Wunsch hatte. Mir ist keine (wissenschaftliche) Erklärung bekannt, warum Wünsche bei jenen Menschen lebendig werden, welche die Potenz haben, diese Wünsche tatsächlich umzusetzen. Meiner Erfahrung nach verhält es sich jedoch so.

Einige Menschen haben große, schwer zu realisierende Wünsche. Wünsche, die einen jahrelangen, vielleicht lebenslangen Einsatz erfordern. Wirklich unerreichbar sind sie nie. Mal für Mal wird deutlich, dass die Wünsche wirklich zu den Menschen, die sie hegen, passen.

Gott, das Universum oder die Natur haben sich beim Verteilen der Wünsche offenbar nicht vertan. Ihre Wünsche sind keine Willkür, kein Irrtum. Oder, naturwissenschaftlich gesehen, wenn bei jemandem ein Wunsch lebendig ist, besteht notwendigerweise irgendwo eine Wirklichkeit, in der dieser Wunsch realisiert ist. Es ist wie mit Materie und Antimaterie. Wunsch und Wirklichkeit können ohne einander nicht bestehen, sie suchen sich gegenseitig. Sobald sie sich finden, gehen sie ineinander auf.

Und wenn Sie unbedingt im Lotto gewinnen wollen? Nicht jeder kann dort gewinnen. Was möchten Sie eigentlich wirklich, wenn Sie im Lotto gewinnen wollen? Finden Sie es wirklich einfach toll, einen Haufen Geld auf Ihrem Konto zu haben? Oder denken Sie vielleicht: »Wenn ich das Geld hätte, könnte ich alles tun, wozu ich wirklich Lust hätte.« Wozu haben Sie denn dann wirklich Lust? Warum wollen Sie viel Geld gewinnen und erst dann an der Realisierung Ihrer Wünsche arbeiten?

Die Sehnsucht, im Lotto zu gewinnen, entsteht, weil Sie nicht an Ihre Fähigkeit glauben, aus eigener Kraft Ihre Wünsche realisieren zu können. Auf diese Art schieben Sie die Arbeit an Ihren Wünschen auf. Dass Sie noch nicht im Lotto gewonnen haben, wird als Rechtfertigung angeführt, nicht in Aktion treten zu müssen. Riskieren Sie nichts, spielen Sie auf Sicherheit. Visualisieren Sie heute noch eine Welt, die genau so ist, wie Sie sie erleben wollen.

Genauso verhält es sich mit dem Wunsch nach idealer Gesundheit. Weder ein Haufen Geld noch ideale Gesundheit sind eigenständige Wünsche, sondern Voraussetzungen, die erfüllt sein müssen, um Ihre sehnlichen Wünsche, Ihre wirkliche Bestimmung erfüllen zu können.

Wenn Sie steinreich, gesund und glücklich sein wollen, dann sollten Sie sich am besten fragen, welche Wünsche Sie damit realisieren wollen. Arbeiten Sie dann an diesen Wünschen und genießen Sie auf dem Weg zur Verwirklichung bereits Ihr Glück, Ihren Wohlstand und Ihre Gesundheit.

Menschen, die ernstlich krank sind oder sich einer schweren Operation unterziehen müssen, werden schneller gesund, wenn sie neben ihrem Wunsch auf baldige Gesundung noch ein Ziel haben, etwas, für das sie leben wollen. Jemand, der außer seiner Gesundheit kein Ziel mehr hat, ist auf dem Weg zu einem Abschied. Das kann ein zufriedenes Loslassen sein, aber auch von hoffnungslosem Aufgeben herrühren.

Ich habe den Eindruck, dass mein Körper Signale sendet und krank wird, wenn ich meine Wünsche einige Zeit negiere. Wenn ich mein Leben dagegen ohne mir etwas vorzumachen an meinen inneren Wünschen orientiere, bleibt mein Körper stark, gelenkig und gesund.

Ich möchte nicht behaupten, dass Krankheit immer durch das Negieren der eigenen Wünsche verursacht wird. Wohl aber, dass das Negieren der eigenen Wünsche die Gefahr, dass gesundheitliche Probleme auftreten, erheblich erhöht.

Man kann den Eindruck haben, dass jede Krankheit eine Aufforderung darstellt, kurz innezuhalten und zurückzuschalten. Sie können sich darauf besinnen, was Sie gerade beschäftigt. Sie können Stillearbeit leisten. Eine Krankheit ist ein Versuch Ihres Körpers, Sie wieder auf die Spur Ihrer Wünsche, Ihrer Bestimmung zu bringen. Ideale Gesundheit als Selbstzweck kann nie Lebensinhalt sein.

Sie haben genügend Zeit, im Laufe Ihres Lebens alle Ihre Wünsche zu realisieren. Wenn Sie Ihre wahren Wünsche jedoch jahrelang negieren, verschwinden mit der Zeit natürlich auch die Möglichkeiten, diese zu realisieren. Sie können einen Wunsch, den Sie früher hatten und damals nicht beachteten, jetzt vielleicht nicht mehr erfüllen. Sie bekommen allerdings immer wieder eine neue Chance. Denn mit den Jahren verändern sich auch Ihre Wünsche. Wenn Sie momentan bereit sind, ehrlich Ihre Wünsche erkennen zu wollen, werden Sie merken, dass es, ungeachtet Ihres Alters, Ihres Gesundheitszustands oder anderer Umstände, immer noch möglich ist, sich Ihre wesentlichsten Wünsche zu erfüllen.

Wir leben in einer Kultur, die schon jahrhundertelang eine misstrauische Haltung gegenüber den eigenen Sehnsüchten predigt. Sie können sündig, ungesund, egoistisch, materialistisch oder zu idealistisch sein. Wer seinem Verlangen folgt, läuft Gefahr, auf ewig gestraft zu werden. Diese tief verwurzelte Angst schränkt den freien Blick auf Ihr Verlangen ein. Wer seinen eigenen Wünschen misstraut, dem fehlt die Fähigkeit, sich zu steuern, und er ist dadurch manipulierbar.

Wer seine Wünsche dauerhaft negiert, verurteilt oder korrigiert, verhält sich wie ein Apfelbaum, der immer wieder versucht, Birnen, Kirschen oder Bananen hervorzubringen. Er wird ein schweres Leben mit vielen Enttäuschungen, viel Verdruss und Schmerzen haben.

Derjenige, der seine Wünsche negiert, merkt das unter anderem an der Tatsache, dass er sich immer öfter ärgert.[7] Wenn Sie einen Wunsch oder eine Qualität, die auf Ihrem Weg liegt, nicht ausleben und entwickeln, dann ärgern Sie sich über Menschen, die das, was Sie immer bleiben lassen, auf selbstverständliche, legere oder plumpe Weise tun.

Wer beispielsweise irgendwo die Leitung übernehmen möchte und dies dennoch unterlässt, ärgert sich über autoritäres Verhalten. Wer mehr in den Vordergrund treten möchte und dies nicht macht, ärgert sich über Menschen, die sich dauernd vordrängeln. Wer nur schwer seine Grenzen deutlich machen kann, dies aber gern täte, ärgert sich wahrscheinlich über rote Ampeln. Ich könnte ganze Bücher füllen mit Geschichten über Ärgernisse, die auf unterdrückte Wünsche hinweisen.

Auch wenn Menschen sich über Sie ärgern, weist das auf Wünsche und Eigenschaften hin, die Sie nicht gänzlich ausleben. Wenn Sie tatsächlich Ihren Wunsch zu führen, in den Vordergrund zu treten oder Grenzen deutlich zu machen zurückhalten, wächst innerlich immer stärker der Drang, diesen Wunsch dennoch zu verwirklichen. Sie leben sozusagen auf einem Vulkan. Irgendwann wird der Moment kommen, an dem der Vulkan ausbricht. Dann bricht Ihr Verlangen auf grobe, unbeherrschte Art aus Ihnen heraus. Sie werden autoritär, drängeln sich unbeholfen in den Mittelpunkt oder reagieren aggressiv. Sie explodieren. Das ruft negative Reaktionen Ihrer Umgebung hervor. Ein weiterer Grund, um Ihren Wunsch, Ihre Qualität erneut zu unterdrücken.

Seien Sie einfach so, wie Sie sein möchten, stehen Sie dazu, dass Sie so sind. Erleben Sie, wie Sie geschätzt und respektiert werden, wenn Sie wie derjenige leben, der Sie sein möchten, statt wie derjenige, der Sie zu sein gelernt haben. Nehmen Sie Ihre Wünsche als Geschenk entgegen, als Versprechen, als Hinweis, als Auftrag, und arbeiten Sie daran.

Woher unsere Wünsche kommen, wissen wir nicht. Man kann das mit der Entwicklung eines Fötus vergleichen. Warum fühlt sich die eine Zelle berufen, eine bestimmte Aufgabe zu übernehmen, während die andere Zelle eine andere Aufgabe anstrebt? Alle Zellen tragen in ihrem Kern die gleiche DNS. Jede Zelle hat jedoch ihre Bestimmung, die am Anfang chemisch und biologisch nocht nicht sichtbar ist. Jede Zelle agiert während der Entwicklung des Fötus nach ihrer Berufung und fragt sich nicht, ob das wohl richtig sei. Die Zelle korrigiert ihre Bestimmung jedenfalls nicht. Gerade durch die Hingabe aller individuellen Zellen an ihre Aufgabe entsteht ein gut funktionierender Körper.

Erkennen Sie, was Sie für andere bedeuten wollen und was Sie dafür bekommen wollen. Erkennen Sie, dass dort, wo all Ihre Wünsche erfüllt sind, Egoismus und Altruismus ineinander übergehen. Ihr Verlangen, Ihre Wünsche gehören zu Ihnen. Sie bekamen sie mit auf den Weg und dachten sie sich nicht selbst aus. Sie dürfen im Leben etwas daraus machen. Ihre Wünsche sagen etwas aus über den Sinn, über die Bestimmung Ihres Lebens. Es ist an Ihnen, sich daran zu erinnern und danach zu leben.

Wenn Sie nun aber Kinder bekommen möchten und unfruchtbar sind? Trotz medizinisch-technischen Fortschritts kann nicht jedes Paar zusammen Kinder haben. Was macht jemand mit unerfüllbarem Kinderwunsch? Gibt es doch irreale Wünsche? Bei jedem Wunsch, dem Sie in Ihrem Innern begegnen, können Sie sich fragen: »Was bekomme ich, wenn ich meinen Wunsch in dieser Form realisiere?« Mit anderen Worten: »Was versuche ich eigentlich mit der Realisierung dieses Wunsches zu erreichen?«

Der Vorteil dieser Frage ist, dass Sie gezwungen werden, auf einem tieferen Niveau zu überprüfen, was die Essenz Ihres Wunsches ist. Vielleicht erwarten Sie, durch Kinder eine warme, liebevolle, häusliche Lebenssituation zu schaffen. Vielleicht möchten Sie kleine Kinder aufwachsen sehen und sie in ihrer Entwicklung begleiten, oder Sie suchen nach einem intensiven Gefühl der Verbundenheit mit dem Leben.

Durch näheres Betrachten des Verlangens hinter Ihrem Wunsch erkennen Sie, was Sie wirklich erreichen möchten, und Sie erkennen, ob Ihr Wunsch vielleicht nur ein Hilfsmittel ist, in die Situation zu gelangen, in der Sie wirklich sein wollen. Oft ist das, was Sie wirklich wünschen, auch auf andere Art erreichbar. Schauen Sie sich immer *den Wunsch hinter dem Wunsch* an und fragen Sie sich, ob Sie ihn unbedingt in dieser Form erleben müssen. Vielleicht können Sie sich eine andere Form vorstellen, die einfacher umzusetzen ist als die anfängliche, oder Sie möchten lieber direkt an der Realisierung des Wunsches hinter dem Wunsch arbeiten.

Sie sollten aber vorsichtig sein bei der Suche nach dem tieferen Verlangen hinter dem Wunsch. Sie könnten Ihr Verlangen vorschnell beurteilen, zu Unrecht verurteilen und dadurch deformieren.

Stellen Sie sich vor, Sie wollen berühmt werden und Sie fragen sich, warum Sie das wollen. Warum sollten Sie unbedingt berühmt werden? Was ist eigentlich das Wesentliche dieses Wunsches? Beschäftigen Sie sich nicht zu viel mit Ihrem Ego? Könnten Sie das Berühmtwerden nicht einfach überspringen? Es könnte allerdings auch gut möglich sein, dass Sie eine relevante Botschaft mitteilen wollen und dass »berühmt werden« nur der Weg ist, die Arbeit zu erledigen, zu der Sie berufen sind. Sie erfüllen Ihre Wünsche nicht nur für sich, Sie erfüllen damit auch eine Aufgabe für die Gesamtheit. Diese Gesamtheit können Sie allerdings nicht vollständig übersehen und Sie wissen auch nicht, wie sich die Realität im Laufe der Zeit entwickelt. Sie kennen die Hintergründe Ihres Verlangens nicht. Sie haben eigentlich keine andere Wahl als die, ohne rationelle Grundlage darauf zu vertrauen, dass Ihre Wünsche Ihnen eine sinnvolle Richtung weisen. Sie können meistens erst im Nachhinein erkennen, warum bestimmte Wünsche in bestimmten Momenten in Ihr Leben traten.

Beurteilen Sie Ihre Wünsche nicht, aber fragen Sie sich, ob es wirklich Ihre eigenen Wünsche sind oder ob sie Ihnen aufgeschwatzt wurden. Fragen Sie sich, ob Sie sie wirklich erleben wollen. Trennen Sie sich nur dann von einem Wunsch, wenn Sie sich sicher sind, dass er bloß ein Mittel zum Zweck war, um das zu erreichen, was Sie wirklich möchten.

Nehmen Sie Ihre Wünsche ernst. Wenn der Kontakt zu Ihren Wünschen durch äußere Einflüsse gestört ist, beeinträchtigt dies die Genauigkeit Ihrer Selbststeuerung. Synchronizität, das Phänomen, dass Sie regelmäßig im richtigen Moment den richtigen Leuten und den richtigen Dingen begegnen, kann nur auftreten, wenn Sie bereit sind, sich durch die Wünsche Ihres inneren Universums leiten zu lassen, ohne dass Sie im Voraus wissen, warum gerade jene Wünsche zu einem bestimmten Zeitpunkt in Ihnen aufkommen.

Überprüfen Sie jedoch, ob Ihre Wünsche nicht aus Unzufriedenheit, Ärger, Angst oder einem anderen negativen Gefühl heraus entstanden sind. Wünsche, die nicht aus Ihrer inneren Stille entsprungen, sondern durch negative Gefühle entstanden sind, werden keine konstruktiven, sondern destruktive Folgen haben.

Hitlers Wunsch nach einem vereinigten Europa war, isoliert betrachtet, nicht verwerflich. Aber die Paranoia, mit der sein Machtstreben einherging, führte zu einer Katastrophe. Jedes Verlangen nach Macht, Besitz oder Kontakt, das an negative Emotionen wie Angst, Wut, Schuld, Scham etc. gekoppelt ist, wird zu Machtmissbrauch, negativer Abhängigkeit, Arroganz oder Geiz führen.

Wenn ein Wunsch allerdings in positiver Stimmung entsteht und Sie zudem wissen, dass er aus Ihrem eigentlichen tiefsten Innern kommt, dann gibt es ihn, damit er von Ihnen realisiert wird.

Wie steht es, wenn Sie eine Frau begehren und sie will einen anderen? Die Kreationsspirale ist kein Mittel, um andere gefügig zu machen. Sie ist ein Instrument, Ihre Leidenschaften zu realisieren. Wenn Sie auf eine Frau stehen, aber diese nicht auf Sie, verwenden Sie dann die Wunschvorstellung, die die Frau in Ihnen geweckt hat. Fantasieren und visualisieren Sie, aber lassen Sie dahingestellt, wer die Glückliche sein wird, mit der Sie die Freude teilen werden.

Verbeißen Sie sich nicht in eine unglückliche Beziehung. Versuchen Sie nicht, den anderen zu zwingen. Sie möchten doch einen Partner, der sich nach Ihnen sehnt, und nicht jemanden, den Sie mit Müh und Not gerade noch zu einer Beziehung überreden konnten? Derjenige, den Sie sich wünschen, ist jemand, der Sie wünscht, genau so, wie Sie sind.

Gleiches gilt, wenn Sie ein Haus, einen Arbeitsplatz oder einen interessanten Auftrag finden möchten. Sie sehen ein ideal gelegenes, wunderschönes Haus. Versuchen Sie nicht, die jetzigen Bewohner herauszuekeln, sondern benutzen Sie Ihren Fund als Inspirationsquelle beim Visualisieren Ihrer idealen Wohnung, die es irgendwo für Sie gibt. Visualisieren Sie den idealen Arbeitgeber, der Bedarf an dem hat, was Sie zu bieten haben.

Die Kreationsspirale ist nicht gedacht, um mit viel Kraft und Anstrengung die Wirklichkeit in die von Ihnen gewünschte Richtung zu forcieren. Nein, sie ist eine Entdeckung, die zeigt, dass wenn Sie voller Erwartung auf das sind, was sie wirklich möchten, und sich derweil aufmerksam und geschmeidig in den Strom der Geschehnisse stellen, Sie letztendlich immer erreichen werden, wonach Sie jetzt leidenschaftlich verlangen.

Ihre Wünsche sind am Anfang eher vage und abstrakt, die konkrete Form fehlt ihnen noch. Sie wünschen sich einen Geliebten. Sie streben in eine Führungsposition. Sie möchten Entdecker sein. Was genau Sie entdecken wollen, wen Sie führen wollen und was Sie mit Ihrem Geliebten unternehmen wollen, wissen Sie noch nicht ganz genau. Das ist die Form, in der Ihr Wunsch später seine materielle Gestalt bekommt. Das Verlangen selbst ist mehr wie eine Farbe, ein Geschmack, ein Timbre, ein Geruch, ein Gefühl.

Wenn Sie mit Ihren Wünschen in abstrakten höheren Sphären bleiben und sich weigern, sich auf die stoffliche Ebene zu begeben, dann werden Sie Ihre Wünsche nie wirklich erleben. Wenn Sie einmal wissen, wonach Sie sich sehnen, heißt der folgende Schritt, sich eine Vorstellung davon zu machen, ihm eine konkrete Form zu verleihen. Das ist ein kreativer Prozess, in dem Sie mit Hilfe alter, Ihnen bereits bekannter Zutaten eine neue bildhafte Wirklichkeit entwerfen, die der von Ihnen gewünschten Wirklichkeit qualitativ so nahe wie möglich kommt.

Wenn Ihr Wunsch beispielsweise »Freiheit« ist, stellen Sie sich eine weite Reise vor. Wenn Ihr Wunsch »Geborgenheit« und »Liebe« heißt, stellen Sie sich vor, Sie wären verheiratet und hätten Kinder. Sie sind nicht der Schöpfer Ihres Verlangens, sondern der Schöpfer der äußeren Gestalt, in der Sie Ihrem Wunsch zur Form verhelfen. Als Schöpfer haben Sie nicht die Möglichkeit, Ihren Wunsch auszuwählen, wohl aber, den Ihnen gegebenen Wünschen eine Gestalt zu verleihen. Diese Gestalt wird sich im Laufe Ihres Lebens weiterentwickeln und dem Wesen Ihrer Wünsche immer näher kommen.

Sie wissen, was Sie wünschen, und hängen regelmäßig Ihren Tagträumen nach. Sie sind in der Phase des Vorstellens bzw. Visualisierens angekommen. Im ersten Teil haben wir über das Geheimnis des Glaubens und die Magie des Planens gesprochen. Visualisieren ist meiner Ansicht nach der wunderbarste Schritt des Kreationsprozesses.

Immer noch in entspanntem Zustand, im Alphazustand, kreieren Sie mit geschlossenen Augen eine virtuelle Wirklichkeit, die Wirklichkeit Ihrer Träume. Es ist, als ob Sie eine Zeitreise unternähmen. Irgendwo in der Zukunft siedeln Sie die von Ihnen erträumte Wirklichkeit an. Sie sehen sie, Sie hören sie, Sie schmecken, riechen und fühlen sie. In dem Moment ist diese Wirklichkeit für Sie vorhanden.

Sie schicken Ihre Wunschvorstellungen mit der kindlichen Vorstellung los, dass dies Sinn hätte. Sie schwängern die Welt mit Ihrem Ideal, als ob die Materie von Ihrer Wunschvorstellung befruchtet würde.

Was bedeutet eigentlich visualisieren? Hypnotisieren Sie sich? Oder hypnotisieren Sie die Realität? Wie macht man das, eine imaginäre Wirklichkeit kreieren? Ich bin der Ansicht, dass jeder Mensch das kann, jeder kann fantasieren. Aber was machen Sie, wenn Sie fantasieren? Fantasieren ist nicht das Gleiche wie denken. Zum Denken brauchen Sie Worte, Meinungen, Berechnungen, Fragen und Antworten. Beim Fantasieren kreieren Sie virtuelle sinnliche Impressionen. Aber woraus bestehen diese Impressionen? Es gibt sie nicht wirklich.

Vorstellen spielt sich nach der Dreiteilung des Kreationsprozesses nicht im Geist ab, sondern in der Seele. Visualisierungstechniken ordnet man daher nicht in die Welt des Denkens ein, sondern im Zusammenhang mit Meditationstechniken. Sowohl Meditieren als auch Visualisieren findet in einem Zustand tiefer Entspannung statt.

Während des Meditierens gebrauchen Sie Ihre Sinne, um innerlich wahrzunehmen. Beim Visualisieren gebrauchen Sie Ihre Sinne, um äußerlich zu kreieren. Während des Visualisierens findet die Empfängnis statt, der Schöpfungsakt: »Gott wünschte, visualisierte, glaubte, öffnete die Augen und sah, dass es gut war.«

Visualisieren bedeutet, dass Sie aus allen möglichen Wirklichkeiten eine auswählen und diese zum Leben erwecken. Visualisieren geschieht aus dem vollkommen irrationalen Vertrauen heraus, dass das, was Sie sich jetzt vorstellen, später sinnlich und wirklich existiert.

Was macht ein Golfspieler beim Golfen? Rechnet er aus, wie fest er schlagen muss, oder sieht er entspannt und hochkonzentriert gewissermaßen den Ball schon im Loch und überlässt seinem Körper und seinem Geist, zu überprüfen, wie hart genau geschlagen werden müsste?

Über Visualisierungstechniken ist viel geschrieben worden. Sie können sich darin gut schulen (lassen). In diesem Buch möchte ich mich daher auf einige einfache Visualisierungstechniken beschränken.

1. Schritt:

Wählen Sie aus Ihrem Wunschtraum drei konkrete Augenblicke oder Aspekte, die Sie mit Stift und Papier bis ins Detail beschreiben und ausmalen. Angenommen, Sie möchten ein Haus. Sie entwerfen ein Bild der Frontansicht, ein Bild des Wohnzimmers mit der Aussicht und eine Perspektive, wie Sie vom Schlafzimmer aus ins Bad schauen. Wenn es sich bei Ihrem Wunsch um eine neue Stelle handelt, wählen Sie eine anregende Besprechung mit Kollegen, Sie sehen sich, wie Sie hart an der Arbeit sind, und Sie genießen die Achtung, die sich in Ihrem hohen Gehalt niederschlägt. Kurzum, drei Bilder, die jedes für sich einen für Sie wichtigen Aspekt des realisierten Wunsches beinhalten.

2. Schritt:

Für die Dauer von zwei Wochen versetzen Sie sich jeden Abend vor dem Schlafengehen und jeden Morgen vor dem Aufstehen in einen Zustand bewusster, tiefer Entspannung. Verwenden Sie dafür eventuell eine Entspannungskassette. Sobald Sie in einem bewusst entspannten Zustand sind, fangen Sie an, sich die im ersten Schritt entworfenen Idealvorstellungen Stück für Stück einzuprägen. Gebrauchen Sie all Ihre Sinne dazu. Sie werden übrigens feststellen, dass es sehr schwierig ist, die Motivation und Geduld für diesen Schritt aufzubringen, wenn die zu visualisierenden Bilder nicht deutlich sind, nicht attraktiv oder nicht Ihren wahren Wünschen entsprechen.

3. Schritt:

Dass Ihre Wunschvorstellungen anschlagen, dass Sie im wahrsten Sinne des Wortes mit ihnen schwanger gehen, bemerken Sie an der Tatsache, dass Sie sich diese Bilder zu jedem beliebigen Zeitpunkt vor Ihr geistiges Auge holen können. Sie befinden sich nun im Zustand froher Erwartung. Falls dieser Zustand durch innere Zweifel und äußere Hindernisse bedroht wird, ist es Zeit für positive Denkarbeit.

8 Das dritte Gebäude: Positive Denkarbeit

Wenn Sie eine Zeit lang fantasiert und visualisiert haben, bekommt Ihr Wunschtraum einen immer deutlicher umrissenen Charakter. Was mit einem Gefühl des Verlangens anfing und sich zu drei greifbaren Bildern wandelte, ist jetzt eine klare, konkrete Vorstellung von der Zukunft. Der Architekt skizziert seine ersten Entwürfe. Der Unternehmer beschreibt sein neues Projekt. Die Liebenden stellen sich Details ihrer gemeinsamen Zukunft vor. Der Schriftsteller hat eine Idee, wovon sein neues Buch handeln soll.

Das Visualisieren Ihrer Wunschvorstellung führt jedoch außer zu einem Gefühl froher Erwartung zu möglichen Zweifeln, negativen Gedanken und unguten Gefühlen über die Realisierbarkeit der Wünsche. Wenn man sich ganz konkret vorstellt, was man auf der herrlichen Reise oder an dem idealen Ort alles erleben wird, merkt man auch deutlich, warum es nicht geht oder warum es nicht erlaubt ist.

Visualisieren ist unter anderem deshalb nützlich, weil Sie alle störenden Elemente, die Ihnen dabei in den Sinn kommen, bewusst erkennen können. Sie ertappen alle Gedanken, die Sie davon abhalten, Ihre Wunschvorstellung tatsächlich in die Tat umzusetzen. Visualisieren ist eine Technik, bei der alle Bilder, Gefühle und Ansichten, die Sie auf dem Weg zum Erfolg behindern könnten, an die Oberfläche kommen. Man fischt sozusagen nach Zweifeln. Es ist notwendig, sich der Zweifel bewusst zu werden, damit man diese bewusst ausschalten kann.

Alle Zweifel, die bewusst oder unbewusst in Ihrem Geist zurückbleiben, schaden Ihren Erfolgschancen. Wenn Sie im Innersten denken, dass Ihre Wünsche, warum auch immer, nicht zu realisieren seien, werden Sie sich niemals hundertprozentig dafür einsetzen.

Ein Psychologe führte einmal eine wissenschaftliche Untersuchung über den Realitätssinn von Pessimisten und Optimisten durch. Er kam zu dem Schluss, dass Pessimisten realistischer sind als Optimisten. Beide Gruppen sollten an einem Spielautomaten spielen. Die Optimisten behaupteten, dass sie auf die Dauer immer besser spielten, während die Pessimisten meinten, dass sie keine Fortschritte machten. Die Fakten belegten, dass die Pessimisten Recht hatten und die Optimisten sich etwas vorgaukelten.

In einem zweiten Versuch spielten beide Gruppen an einem anderen Spielautomaten, bei dem man durchaus eine gewisse Geschicklichkeit entwickeln konnte. Diese beherrschten die Optimisten viel schneller als die Pessimisten. Mit anderen Worten, ein Pessimist hat Recht und ein Optimist hat Erfolg. Sie können es drehen, wie Sie wollen.

Wenn Sie erfolgreich sein möchten, füllen Sie Ihren Geist mit klaren Vorstellungen und positiven Erwartungen. Machen Sie ihn empfänglich, damit der durch Visualisieren erreichte Zustand der frohen Erwartung sich in große Erfolge auswächst.

Nach lebhaften Gefühlen und spiritueller Stille kommen wir jetzt zu einer Phase logischen und berechnend positiven Denkens. Positive Denkarbeit lässt sich in drei Stadien unterteilen: Erstens übertragen Sie Ihren Wunschtraum in eine konkrete Zielvorgabe. Zweitens sorgen Sie für einen positiven Geisteszustand. Drittens treten Sie der Welt mit Überzeugungskraft und Selbstvertrauen bezüglich Ihrer Wünsche entgegen.

Viele Menschen halten positives Denken für gekünstelt. Man leugnet seinen ursprünglichen Geisteszustand und übertüncht ihn willentlich mit Lügen. Man geht über glühende Kohlen und murmelt dabei: »Kühles Moos, kühles Moos, kühles Moos.« Wenn es sein muss, gibt man die eigene Meinung auf zugunsten einer neuen, die die Realisierung der Ziele effektiv unterstützt.

Diese Art des Denkens bezeichnen manche Menschen als zweckentfremdenden Gebrauch des Denkvermögens, als Hokuspokus. Daher misstraut man positiven Denkern und Motivatoren so häufig. Wenn Sie sich allerdings einmal daran gewöhnt haben, Ihr Leben, einschließlich Ihrer heutigen Ansichten, einzutauschen gegen ein Leben im Sinne Ihrer tiefsten Verlangen, dann werden Sie merken, wie natürlich das ist. Ihr Gehirn wird Ihren Wünschen dienstbar. Sie gebrauchen Ihre mentale Willenskraft, um der Wirklichkeit, in der Sie leben, nach Ihren Wünschen Gestalt zu verleihen. Früher wurden Sie von Ihren Erwartungen geleitet, jetzt von Ihrer Bestimmung. Ihre Seele übernimmt das Steuer von Ihrem Geist.[8]

Sie wissen wahrscheinlich aus Erfahrung – und inzwischen ist dies auch durch medizinische Studien wissenschaftlich bewiesen –, dass das, was Sie glauben, dasjenige, was sich wirklich abspielt im Leben, beeinflusst. Man spricht hier vom Placebo-Effekt oder »self-fulfilling prophecies«, dem Einfluss von Selbstvertrauen und Willenskraft. Es läuft immer auf das Gleiche hinaus, nämlich, dass Ihre Erwartungen dahin tendieren, sich tatsächlich zu konkretisieren.

Wer beispielsweise erwartet, nicht respektiert, nicht verstanden oder nicht geliebt zu werden, hat tatsächlich eine geringere Chance, respektvoll behandelt, gut verstanden oder geliebt zu werden.

Über die geheimnisvolle Kraft des Glaubens ist viel geschrieben worden. Ich vermute allerdings, dass die geheimnisvoll anmutende Kraft des Glaubens nichts weiter ist als eine Scheinkraft beziehungsweise dass sie unser permanentes Bedürfnis widerspiegelt, immer Recht zu bekommen.

Betrachten wir unseren Verstand als Computer mit einer wichtigen Hauptaufgabe, die lautet: »Sorge dafür, dass ich, wenn es irgend geht, immer Recht habe«, dann werden – neben self-fulfilling prophecies, Placebo-Effekt und Willenskraft – zahlreiche andere menschliche Verhaltensweisen deutlich.

Wir Menschen legen besonders viel Wert darauf, Recht zu behalten. Es ist beispielsweise äußerst schwierig, mit jemandem zu diskutieren, wenn man ihm nicht erst Recht gibt. Sie hören zu und sagen: »Ja, da haben Sie Recht, doch ich habe noch mehr Recht.« Denn wenn Sie jemandem attestieren, er habe Unrecht, geben Sie ihm damit eigentlich zu verstehen, dass sein Verstand nicht effizient genug arbeitet, um für sein Recht zu sorgen. Sie fordern ihn heraus zu beweisen, dass er doch Recht hat. Es entsteht eine Diskussion, bei der zwei Gehirne darum streiten, welches mehr Recht hat, und letztendlich beide das Gefühl nicht loswerden, dass die eigene Vorstellung die bessere ist.

Menschen, die glauben, sie könnten etwas nicht, beweisen in der Praxis meist, dass sie es wirklich nicht können. Wer glaubt, niemand liebe ihn, schafft es sicherlich, dass die anderen ihn nicht lieben. Wenn es einmal misslingt und doch jemand sagt: »Ich liebe dich«, dann schnauzt so jemand einfach: »Was willst du eigentlich von mir?« Man lässt sich schließlich nicht einfach so überrumpeln.

Wenn es Ihnen nicht gelingt zu beweisen, dass Sie Recht haben, können Sie immer noch versuchen, die Wirklichkeit so zu interpretieren, dass Sie doch Recht haben müssen. Manche Menschen sind sogar bereit zu töten oder für ihr Recht zu sterben, wie bei einer Sekte, die zu einem bestimmten Datum das Ende der Welt voraussagt. Wird deutlich, dass dies nicht eintritt, steht man vor der Wahl, sich eine gute Ausrede einfallen zu lassen oder kollektiv Selbstmord zu begehen. Einfach zugeben, dass man sich getäuscht hat, ist nicht ganz leicht.

Ihr Gehirn ist nicht unfehlbar. Manchmal gelingt es ihm wirklich nicht, Recht zu bekommen, und Ihnen gelingt es nicht, die Sache so zu verdrehen, dass Sie eigentlich doch Recht hätten. Deshalb wirkt Glauben auch nicht immer. Glauben ist keine Garantie für den Erfolg. Sie werden nicht von jeder Süßigkeit gesund und Sie gewinnen nicht jeden Wettkampf, auch wenn Sie daran glauben. Aber die Chance, dass Sie durch ein Bonbon vom Husten geheilt werden oder einen Wettkampf gewinnen, ist größer, wenn Sie an die heilende Wirkung des Bonbons glauben oder an Ihre großen Kapazitäten als Sportler.

Glauben ist zwar keine Garantie, jedoch sehr förderlich für Ihre Erfolgschancen. Nicht an etwas zu glauben oder der Meinung zu sein, dass es doch nicht klappt, vergrößert Ihre Chancen auf Misserfolg ansehnlich. Die Macht oder Ohnmacht des Glaubens sind nichts anderes als die Macht oder Ohnmacht des Rechthabens.

Der menschliche Geist ist darauf aus, den Körper, den er steuert, derart zu manipulieren, dass die Ansichten, die er gespeichert hat, immerfort bestätigt werden. In dieser Hinsicht ist Ihr Geist rücksichtslos. Er versucht, koste es, was es wolle, die eigenen Erwartungen durchzusetzen, während Sie vielleicht lieber Ihre Wünsche erfüllt sähen. Daher bekommen Sie eher das, was Sie erwartet hatten, als das, was Sie sich wünschten. Genau deshalb gehen unsere Wünsche so oft nicht in Erfüllung.

156

Glauben und positiv denken bedeutet, dass Sie Ihren Geist von Zweifeln und nicht hilfreichen Vorstellungen befreien und damit die Chance auf das Gelingen Ihrer Wunschverwirklichung vergrößern. Das bedeutet aber, dass Sie vor der ziemlich widernatürlichen Aufgabe stehen, Ihre Zweifel und andere unerwünschte Vorstellungen zu ersetzen durch neue, positive Ansichten, durch Glauben. Und das, während Ihr Geist an der Vorstellung hängt, Recht zu behalten.

In dieser Phase des Kreationsprozesses kommt es darauf an, die selbstverständliche Macht des Rechthaben-Wollens zu durchbrechen und durch eine Meinung zu ersetzen, die förderlich für Ihre Wünsche ist. Statt zu denken: »Wenn ich nein sage, gibt es bestimmt Ärger«, prägen Sie sich ein: »Wenn ich nein sage, werde ich dafür respektiert und geschätzt.«

Passen Sie Ihr Verlangen nicht länger an dasjenige an, was Sie für realistisch halten, was Ihrer Meinung nach machbar ist oder nicht. Sondern passen Sie Ihre Meinung an dasjenige an, was Sie sich wünschen. Auf die Art nutzen Sie den rücksichtslosen Charakter Ihres Geistes zu Ihrem Vorteil. »Wenn ich nur das tue, wozu ich Lust habe, werde ich überhaupt nichts mehr verdienen« ersetzen Sie beispielsweise durch: »Ich werde am besten für dasjenige bezahlt, was ich am liebsten tue.«

Die Kreationsspirale ersetzt die Diktatur des Rechthaben-Wollens durch die Autorität Ihres Verlangens, die Macht Ihrer Bestimmung. Benutzen Sie Ihren Verstand, um zu bekommen, was Sie wollen, statt zu erhalten, was Sie erwarten.

Fertigen Sie eine Beschreibung der von Ihnen gewünschten Wirklichkeit an. Formulieren Sie positiv. Seien Sie konkret. Schreiben Sie nicht: »Ich bin glücklich«, sondern nennen Sie beim Namen, wie Sie leben möchten und wodurch Ihr Glück entsteht. Beschreiben Sie es detailliert, lassen Sie jedoch alle unrelevanten Details offen. Beschreiben Sie Ihren erfüllten Wunsch, keine Planung oder Wegbeschreibung zur Realisierung des Wunsches. Halten Sie die Beschreibung anonym, es sei denn, Sie wissen genau, dass die darin vorkommenden Personen die gewünschte Zukunft mit Ihnen teilen wollen.

Während Sie diese Beschreibung erarbeiten, nennen Sie gleichzeitig alle möglichen Zweifel, die Ihnen kommen. Der Einfachheit halber können Sie Ihre Zweifel in drei Kategorien einteilen: erstens Zweifel, die Ihre Fähigkeiten betreffen, zweitens Zweifel bezüglich der Hindernisse, die andere Ihnen in den Weg legen könnten, und drittens Zweifel, die damit zusammenhängen, wie das Leben im Allgemeinen die Möglichkeiten des Menschen einschränken könnte.

Wenn Sie merken sollten, dass Ihre Zweifel mit unangenehmen Gefühlen verbunden sind, könnte es sinnvoll sein, zur Gefühlsarbeit zurückzukehren, bevor Sie mit der positiven Denkarbeit fortfahren.

Nehmen Sie jetzt die Liste mit Ihren Zweifeln zur Hand und kehren Sie sie um. Behaupten Sie das Gegenteil. Bilden Sie so genannte »Affirmationen«. Kreieren Sie eine »Lüge«, bei der es gut wäre, wenn sie wahr wäre. Sie haben beispielsweise geschrieben: »Ich kann es nicht, denn ich bin zu faul, zu ungeschickt, zu dumm, zu alt.« Formulieren Sie es um in: »Ich bin energiegeladen, geschickt, intelligent und stehe dazu« oder: »Ich bin genau im richtigen Alter.«

Wenn Sie geschrieben haben: »Ich fürchte, dass meine Wünsche nicht wahr werden, denn man kann den Menschen nicht trauen, niemand versteht mich, mein Partner hält es für undurchführbar«, verändern Sie den Text in: »Den Menschen, mit denen ich zu tun habe, kann man unbedingt vertrauen, jeder versteht mich, mein Partner ist begeistert von meinen Plänen und stimmt mir zu.« Zum Schluss wird der Satz: »Das Leben ist nun mal kein Zuckerschlecken« in die positive Affirmation: »Das Leben ist ein Fest, besonders heute« umgewandelt.

Beim Formulieren der Affirmationen sollten Sie nie von dem sprechen, was Sie *nicht* möchten. Sagen Sie nicht: »Ich stehe nie mehr im Stau«, sondern: »Ich wohne nah bei meiner Arbeit« oder: »Dort, wo ich fahre, ist die Straße frei.«

Seien Sie großzügig bei der Wortwahl. Verwenden Sie Begriffe wie »reichlich« und »im Überfluss« statt »genug« oder »ausreichend«. Wenn Sie sich schon die Mühe machen, eine neue Wirklichkeit zu erschaffen, sagen Sie dann nicht: »Meine Fähigkeiten reichen aus«, sondern: »Ich bin besonders kompetent.«

In der Praxis bringen viele Menschen die Affirmations- und Visualisierungstechniken durcheinander. Zum Erstellen wirkungsvoller Affirmationen ist es sehr wichtig, den Unterschied zwischen diesen beiden Techniken richtig verstanden zu haben.

Stellen Sie sich vor, Sie möchten ein schickes neues Auto haben, ein Jugendzentrum in Ihrer Nachbarschaft oder etwas anderes, das viel Geld kostet. Sie visualisieren das Auto oder das Jugendzentrum, und Ihre Affirmation lautet: »Ich bekomme immer das Geld, das ich zur Erfüllung meiner Wünsche benötige.«

Sie visualisieren nicht das Geld. Denn Geld ist nicht Ihr Ziel, es ist nur das Mittel zum Erreichen Ihres Ziels. Ihre Affirmation lautet nicht: »Ich habe ein schickes Auto«, denn das würde dazu führen, dass Sie Ihr altes Auto, in dem Sie jetzt fahren, plötzlich schön fänden. Ihre Affirmation lautet ebenfalls nicht: »Wir haben hier ein wunderbares Jugendzentrum«, denn das würde dazu führen, dass Sie nichts mehr zu unternehmen bräuchten, da Sie glauben, es gäbe das Zentrum schon.

Vorstellen, Visualisieren ist das Spiel mit virtuellen Bildern, mit dem Imaginären, mit sinnlichen Eindrücken Ihres eigentlichen Ziels. Beim Glauben und Affirmationenbilden dagegen dreht sich alles um Ansichten, Auffassungen, Meinungen und Urteile über sich selbst, über andere und die Wirklichkeit im Allgemeinen.

Beim Visualisieren prägt man sich die (Wunsch-)Vorstellungen ein. Beim Formulieren von Affirmationen macht man sich jene Ansichten zu Eigen, die hilfreich sind für die Realisierung von (Wunsch-)Vorstellungen. Visualisieren geschieht in Bildern, in Ruhe mit geschlossenen Augen. Affirmationen formulieren Sie mit Worten, Sie sprechen sie laut aus. Vorstellen hat etwas mit Tagträumen zu tun, Glauben mit positivem Denken. Visualisieren betrifft Ihre Wünsche, Glauben betrifft Ihre Meinung über Ihre Erfolgschancen.

Angenommen, Sie möchten gern ein Buch schreiben, denken aber, Sie könnten nicht schreiben. Angenommen, Sie möchten selbstständig werden und meinen, es fehlt Ihnen das Talent zum Verkaufen. Sie visualisieren das Buch oder die Firma und haben die Affirmation: »Ich bin ein großer Schriftsteller« oder: »Ich bin ein ausgezeichneter Verkäufer.«

Ihre Affirmation lautet also nicht, dass Sie einen Betrieb haben oder ein Buch geschrieben haben. Sie wären dann nämlich schon fertig damit, Sie würden nicht in Aktion kommen. Außerdem visualisieren Sie nicht Ihre Talente als Verkäufer oder Schriftsteller, denn die Talente sind nur das Hilfsmittel, um das Erwünschte zu erreichen, nicht der eigentliche Wunsch, der Sie motiviert.

Sie visualisieren Ihr Endziel und Ihre Affirmation geht dahin, dass Sie glauben, dass Sie hinreichend Talent besitzen und also nicht andersherum.

Sie stellen Ihren Glauben in den Dienst Ihres Wunschtraums. Formulieren Sie Affirmationen, in denen Sie beschreiben, dass Sie glauben, dass Ihre Talente, die finanziellen Mittel, Ihre Gesundheit und die Hilfe anderer, kurz alle Hilfsmittel reichlich vorhanden sind und Ihnen verhelfen, dorthin zu gelangen, wo Sie sein möchten.

Machen Sie Ihre Affirmationen anonym. Zwingen Sie niemand anderen, sich nach Ihren Wünschen zu richten, aber geben Sie den Menschen die Gelegenheit, dies zu tun. Sagen Sie also nicht: »Marie oder Peter schätzen mich, wie ich bin«, sondern: »Mein Partner, mein Chef, die Menschen, mit denen ich zu tun habe, schätzen mich, weil ich so bin, wie ich bin.« Jetzt können zwei Dinge passieren. Entweder Ihr Partner oder Ihr Chef sind doch anders, als Sie dachten, oder Sie finden einen neuen Chef oder Partner, der besser zu Ihnen und Ihren Wünschen passt.

Achten Sie sorgfältig darauf, dass die Formulierung Ihrem Zweifel tatsächlich vollständig widerspricht und dass Sie das ursprüngliche Problem nicht zu umschiffen versuchen. Ihr Geist ist nämlich clever beim Rechtbehalten. Wenn Sie Schmerzen haben, sagen Sie beispielsweise nicht: »Ich bin stark und halte das aus«, sondern: »Ich fühle mich wohl in meinem Körper.«

Versuchen Sie, die Formulierung kurz und bündig zu halten, sodass Sie sie einfach wiederholen können. Sprechen Sie Ihre Affirmation nun so aus, wie wenn Sie daran glaubten, und schauen Sie, ob es Ihnen gelingt, ohne dabei laut loszulachen.

Die Formulierung der Affirmation allein reicht noch nicht aus, um ein Resultat erwarten zu können. Der heilende Effekt entsteht durch ihre *Benutzung*. Wenn Sie eine gute Affirmation gefunden haben, dann müssen Sie Ihren Geist damit erziehen. Wiederholen Sie Ihre Affirmation häufig. Dadurch übertönen Sie den ursprünglichen Zweifel mit Gedanken, die Ihre Wünsche unterstützen. Sie betreiben eine Art positiver Gehirnwäsche.

In der Literatur sind verschiedene Methoden beschrieben, Affirmationen effizient zu verinnerlichen. Im Wesentlichen geht es immer um dasselbe. Wie früher in der Schule beim Abschreiben von Merksätzen als Strafarbeit sollen immerfort genau die gleichen Worte wiederholt werden. Wenn derselbe Satz oder dieselbe Meinung vom Geist wieder und immer wieder gedacht wird, wird er nach einiger Zeit wie von selbst daran glauben. Was Sie glauben, ist einfach dasjenige, was Sie oft gehört und gedacht haben.

Wenn Sie sich eine Affirmation auf diese Weise zu Eigen gemacht haben, brauchen Sie sie nicht mehr zu wiederholen. Sie arbeitet selbstständig weiter. Was in Ihrem Geist einmal einprogrammiert ist, wird nicht von selbst gelöscht. Also: Erst wäg's, dann wag's. Prüfen Sie, ob Sie das Formulierte wirklich erleben wollen. Es ist nicht einfach Spiel. Rechnen Sie ernsthaft damit, dass das Einprägen (positiver) Gedanken Folgen hat.

Meine allererste Affirmation, die ich tagelang hunderte Male aussprach, betrachtete ich als eine Art Scherz. Ich glaubte nicht, dass sie Wirkung zeigen würde, war aber neugierig. Der Kursleiter hatte uns gebeten, etwas aufzuschreiben, was uns beim anderen Geschlecht nicht gefiel, und dies dann umzudrehen.

Ich kam zu dem Satz: »Frauen ergreifen immer die Initiative.« Das hing mit meinem Leben als Junggeselle zusammen. Damals war ich regelmäßig auf der Suche nach einer Partnerin für die Nacht und ich war es leid, immer wieder selbst »auf Jagd« gehen zu müssen. Es erschien mir praktisch, diese Rolle der anderen Seite zuzuschieben.

Nachdem ich einige Tage am laufenden Band laut den Satz »Frauen ergreifen immer die Initiative« wiederholt hatte, passierten einige Überraschungen. Ereignisse, die mich erschreckten, die ich aber als Zufall abtat. Der Clou kam drei Monate später, als ich die Affirmation schon wieder vergessen hatte. Die Frau, mit der ich inzwischen seit über einem Jahrzehnt zusammenlebe, tauchte aus dem Nichts auf und flüsterte mir »I like you« ins Ohr.

Mit anderen Worten, Affirmationen wirken auch, wenn Sie nicht daran glauben. Sie wirken nämlich nicht dadurch, dass man daran glaubt, sondern dadurch, dass man Sie »tut«. Genau wie eine Gehirnwäsche, die nicht wirkt, weil Sie daran glauben, sondern weil Sie sich ihr unterziehen.

Wie schafft es Ihr Geist eigentlich, den Glauben, dass Frauen immer die Initiative ergreifen oder dass es immer einen freien Parkplatz gibt, Wirklichkeit werden zu lassen? Das geschieht dadurch, dass derjenige, der dies glaubt, die Wirklichkeit mit anderen Augen sieht, dass sein Geist andere Information auswählt und die Information anders verarbeitet.

Wenn Sie glauben, dass Frauen immer die Initiative ergreifen, werden Sie offen sein für Begegnungen mit Frauen, die so etwas tun, während Sie durch das gleiche Verhalten sonst vielleicht abgeschreckt würden. Wenn Sie glauben, es gäbe immer einen Parkplatz für Sie, achten Sie auf Menschen, die mit Autoschlüsseln oder vollen Taschen in Richtung eines geparkten Autos gehen, oder Sie sehen eine brachliegende Baustelle, wo im Moment nicht gearbeitet wird. Jemand, der keinen Parkplatz erwartet, übersieht solche Möglichkeiten.

Ich glaube nicht, dass vom Geist magische Kräfte ausgehen, wohl aber, dass der Verstand die Wahrnehmung derart beeinflusst, dass er bestätigt bekommt, was er schon dachte. Wenn Sie denken:»Heute hat jeder schlechte Laune«, sehen Sie nur schlecht gelaunte Menschen. Wenn Sie denken:»Heute hat jeder gute Laune«, sehen Sie hauptsächlich die fröhlichen Menschen. Durch Ihre selektive Wahrnehmung erschaffen Sie schließlich, was Sie erwartet hatten.

E s gibt viele Affirmationstechniken. Eine Technik, die ich regelmäßig verwende, beschreibe ich im Folgenden:

Spielen Sie mit zwei oder drei Personen ein Spiel, bei dem ein Spieler (Sie) von den anderen mit seinen eigenen Affirmationen angesprochen wird. Sie dürfen sich währenddessen dagegen wehren, aber die anderen überhören Ihre Argumente geflissentlich und wiederholen immer den gleichen Satz. Wenn Sie merken, dass Ihr Widerstand geringer wird, gehen Sie zur nächsten Phase des Spiels über, bei der Sie die Affirmation ständig in der Ich-Form wiederholen. Versuchen Sie dabei, die Affirmation überzeugend auszusprechen: Sie meinen, was Sie sagen. Sobald das funktioniert, können die Mitspieler zum letzten Teil übergehen. Sie schließen die Augen und dürfen nicht mehr sprechen. Ihre Mitspieler wiederholen jetzt einige Minuten lang die gleiche Affirmation mit wechselnder Intonation und unterschiedlichem Stimmvolumen.

Danach sollten Sie die Affirmation drei Tage lang laut aussprechen, besonders in solchen Momenten, in denen Dinge passieren, die eher das Gegenteil dessen beweisen, was in der Affirmation behauptet wird. Sie können die Affirmation nach und nach in Ihren alltäglichen Sprachgebrauch mit aufnehmen und sie hin und wieder spielerisch in Gespräche einflechten, als ob es sich hier um eine selbstverständliche Angelegenheit handeln würde.

Ich möchte Ihnen einige Affirmationen nennen, durch die ich in den letzten Jahren viel Freude erlebt habe.

- »Ich werde am besten für dasjenige bezahlt, was ich am liebsten tue.« Das war eine meiner ersten Affirmationen und ich muss zugeben, sie wirkte damals und wirkt noch heute sehr gut. Sie wirkt selbstverständlich bei jedem, denn wenn Sie eine Arbeit machen, die Sie gern tun, sind Sie mit Leib und Seele dabei.
- »Wenn jemand seinen Termin absagt, kommt mir das immer gut aus.« Diese Affirmation ersparte mir viel Ärger und brachte viele kreative Ideen hervor, wie ich die gewonnene freie Zeit sinnvoll habe nutzen können.
- »Bei mir passt immer alles genau.« Damit ziele ich auf meinen Terminkalender ab. Wie das Universum oder Gott das schaffen, ist mir ein Rätsel, ich weiß es nicht. Ich staune immer wieder, wie bei mir beinahe alles zeitlich genau zusammenpasst.
- »Ich werde immer richtig verstanden.« Einige Monate später entdeckte ich die Kreationsspirale. Seither wird meine Botschaft, dass Sie als Mensch geboren sind, um Ihre Wünsche zu realisieren, immer so verstanden, wie ich es meine.

Dann gibt es noch viele praktische, alltägliche Affirmationen: »Ich komme immer pünktlich.« »Ich treffe im richtigen Moment die richtige Entscheidung.« »Die Menschen, die ich liebe, mögen sich gegenseitig.«

*Z*um Abschluss möchte ich noch eine Affirmation für jemanden präsentieren, der noch nicht genau weiß, was er sich wünscht. Sagen Sie drei Tage lang ein paar hundert Mal laut zu sich: »Ich weiß genau, was ich wünsche, und handle danach.« Zur Sicherheit können Sie noch hinzufügen: »… und die Menschen, mit denen ich zu tun habe, schätzen das sehr.« Sie werden merken, dass Ihr Leben abenteuerlicher wird. Wenn Sie dies beängstigt, gehen Sie zur Gefühlsarbeit zurück, genießen Ihre Angst und beginnen dann, Abenteuer zu erleben.

Wenn Ihre Wünsche deutlich sind, all Ihren Zweifeln das Wasser abgegraben ist und Sie erfüllt sind von wunderschönen Bildern und positiven Erwartungen, dann ist es an der Zeit, den Schritt nach außen zu tun, Ihre Wünsche zu offenbaren.

Ihr Glaube weckt Vertrauen und Ihr Enthusiasmus wirkt ansteckend. Da Sie Ihre Wünsche mit innerer Überzeugung und großer Klarheit vortragen, wirken Sie anregend und erwecken auch in der Fantasie der anderen Ihre Wünsche zum Leben. Dadurch regen Sie bei den Menschen, die Sie umgeben, ebenfalls einen Kreationsprozess an. Sie verführen sie, in ihrer Fantasie eine Wirklichkeit zu betreten, in der Ihre Wünsche bereits erfüllt sind. Ihre Umgebung kommt auf diese Weise in die Phase des Vorstellens und beginnt unwillkürlich, zur Realisation Ihrer Wünsche beizutragen. Selbst dann, wenn andere »nur« Ihre Ideale mit einem positiven Gefühl in sich tragen und mit wieder anderen darüber sprechen.

Sie sind jetzt bereit für das nächste Gebäude, den Aufbau eines fruchtbaren Netzwerks.

9 Das vierte Gebäude: Netzwerke knüpfen

Sie begeben sich auf die Suche nach den richtigen Zutaten, um Ihre Wünsche realisieren zu können. Der Architekt sucht geeignete Materialien aus, um seinen Entwurf zu gestalten. Der Forscher sucht und kombiniert Informationen, um zu einer neuen Erkenntnis zu gelangen. Der Unternehmer sucht geeignetes Personal, um seinen Betrieb zum Erfolg zu machen. Und Sie suchen die richtige Kombination aus dem besten Platz, den geeigneten Materialien, der passenden Erkenntnis und den am besten geeigneten Personen, um Ihr Ideal zu realisieren. Sie verbinden sich mit der Welt.

Während der Gefühlsarbeit spielte das Erzeugen von Lauten eine Rolle, bei der Stillearbeit der Entwurf von Bildern, Sie beschäftigten sich bei der positiven Denkarbeit mit Worten. Beim Netzwerkeknüpfen dreht sich alles darum, die richtigen Verbindungen zu suchen und herzustellen.

Auf der Suche nach Möglichkeiten, Ihre Wünsche zu realisieren, verwenden Sie als Erstes Ihre eigenen Erfahrungen. Ihr Geist geht auf die Suche in einem Wirrwarr von Erinnerungen und lange vorher erworbenen Erkenntnissen, knüpft neue Verbindungen, vergleicht, kombiniert und entdeckt. Kurz, Sie denken nach und kommen auf neue Ideen, die zur Realisierung Ihrer Wünsche beitragen. Ihr Gehirn ist ein Netzwerk aus Wissen, Erkenntnissen und Erfahrungen und befindet sich in einem immer während kreativen Prozess auf der Suche nach neuen Wegen. Ihr Gehirn knüpft Netzwerke. Um diesen Prozess zu unterstützen, gibt es zahlreiche Techniken, durch die Sie in der Lage sind, Ihre Kreativität zu stimulieren.

Sie suchen einen Kniff. Wie können Sie das, was Sie irgendwann einmal lernten, jetzt verwenden, um Ihre Wünsche zu realisieren? Sie suchen wie ein Wissenschaftler, der Zusammenhänge zwischen Fakten herstellt, die auf den ersten Blick nichts miteinander zu tun haben, wie zwischen dem Verhalten des Mondes und einem herunterfallenden Stein auf der Erde, wie zwischen Rauchen und Lungenkrebs oder zwischen positivem Denken und Erfolgschancen. Es ist wie Kreuzworträtsel lösen. Sie suchen sinnvolle Verbindungen, und wenn Sie vertrauensvoll durchhalten, werden Sie sie finden.

Die Entdeckung der Kreationsspirale ist das Resultat eines solchen inneren kreativen Prozesses. Von klein auf wollte ich etwas Besonderes entdecken. Ich sammelte Erkenntnisse als Naturwissenschaftler, Erfahrungen als Jugendpfleger, als Barkeeper und selbstständiger Unternehmer, lernte spirituelles Gedankengut kennen. Dieser Schmelztiegel aus verschiedenen Erfahrungen führte schließlich zur Entdeckung der Kreationsspirale.

Der letzte Gedanke weckt eine Erinnerung in mir. In meiner Jugend löste ich gern Kreuzworträtsel. Ich verstand eigentlich nie, wieso mir das solchen Spaß machte, denn ich hielt es für eine vollkommen sinnlose Beschäftigung. Bis ich fünfundzwanzig Jahre später genau diese Erfahrung zu brauchen schien, zur Entdeckung der Kreationsspirale. Ich puzzelte bestimmt drei Monate, bis die Spirale meinen Erwartungen entsprach, bis sie nämlich völlig symmetrisch war. Mein irrationales Vertrauen, dass ich dies Rätsel lösen würde, bezog ich aus der Erfahrung, dass die Kreuzworträtsel früher immer aufgingen.

Um Ihre Wünsche zu erfüllen, brauchen Sie allerdings nicht nur Ihr internes Wissensnetzwerk, sondern Sie benötigen auch den Beitrag anderer. Die Realisierung jedes Herzenswunschs erfordert den Einsatz und das Engagement vieler anderer Menschen. Überlegen Sie mal, wie viele Bauarbeiter, Beamte und Lieferanten zur Fertigstellung Ihrer Wohnung beigetragen haben. Wie viele Menschen haben allein an der Produktion des Kupfers für die Wasserleitungen oder des Kunststoffs für die Türstopper gearbeitet?

Suchen Sie die Menschen, die Ihnen helfen wollen und können. Fruchtbare Beziehungen entstehen, wenn Sie Ihre Wünsche auf harmonische Weise mit den Wünschen anderer zu verknüpfen wissen. Ihr individueller Kreationsprozess wird damit Teil eines kollektiven Kreationsprozesses. Wenn eine Frau einen bestimmten Mann möchte, der Mann aber nicht die Frau, ist dies eindeutig nicht die richtige Beziehung. Suchen Sie die Form und den Ort, an dem die Verwirklichung Ihrer Wünsche auch für andere von Bedeutung ist. Eine solche Situation kann nur dann entstehen, wenn Sie deutlich im Blick haben, was Sie möchten, und dies auch offen und deutlich verkünden.

Treten Sie mit Ihren Wünschen nach außen. Treffen Sie den Partner, der zu Ihnen passt. Finden Sie den Auftraggeber, der mit Ihren Qualitäten zufrieden ist und der Sie mit seinen Aufträgen erfreut. Kaufen Sie das Haus, das Ihren Erwartungen entspricht und das der andere Ihnen gern verkauft.

Wenn Sie einen Wunsch zum ersten Mal äußern, sind Sie meist noch empfindlich bezüglich Kritik. Ein junger, gerade ausgesprochener Wunsch ist verletzbar. Seien Sie deshalb vorsichtig, wo und wann Sie den Wunsch erstmals äußern. Wählen Sie vorrangig eine sichere Umgebung, in der Menschen positiv reagieren. Sie können Ihre Ideen besser erst dann in größerem Rahmen äußern, wenn Sie wissen, wie Sie auf die nächstliegenden Fragen antworten sollen.

Seien Sie vorsichtig bei der Wahl Ihres Gesprächspartners, wenn Sie über Ihre Wünsche sprechen möchten, um sich mehr Klarheit zu verschaffen. Es besteht immer das Risiko, dass andere Ihre Wünsche für Sie interpretieren. Dieses Risiko besteht auch, wenn Sie in der Phase des Äußerns unsicher und undeutlich sind. Dann beginnen die anderen, sich einzumischen, was Sie genau wünschen sollten. So könnten Sie allmählich den Kontakt zu Ihren ursprünglichen Wünschen verlieren.

Sollte dies der Fall sein, kehren Sie dann zurück zu sich selbst, entspannen Sie sich und treten Sie aufs Neue in Kontakt zu Ihren Wünschen. Überwinden Sie die Angst, dafür verurteilt zu werden, dass Ihre Wünsche anders, größer oder kleiner sind als die der anderen. Respektieren Sie Ihre Wünsche. Schämen Sie sich nicht für Ihre Wünsche, die ein Teil von Ihnen sind. Oder wie Nelson Mandela[4] sagte: »Es hat nichts Tröstliches, sich klein zu machen, damit andere sich bei uns nicht unsicher fühlen. Wir sollten alle wie Kinder strahlen. Wir sind geboren, um Gottes Herrlichkeit, die uns innewohnt, zu offenbaren.«

In Ihrem Verlangen unterscheiden Sie sich von anderen. Wenn Sie zeigen, was Sie wirklich möchten, machen Sie deutlich, wer Sie wirklich sind. Und Sie schaffen die Möglichkeit, mit Hilfe der anderen den zu Ihnen passenden Platz in der Gesellschaft zu finden. Seien Sie wahrhaftig. Ihr Wunsch beinhaltet die Essenz dessen, was Sie sind, und dessen, was Sie für andere bedeuten können. Nicht durch Anpassung, sondern gerade durch echte Individualität gehören Sie wirklich dazu.

Wenn ein Künstler oder Wissenschaftler ganz er selbst ist, führt das anfangs häufig zu Befremdung beim Publikum oder den Kollegen. Wer aber authentisch ist und bleibt, wird schließlich immer Respekt und Vertrauen wecken. Der Künstler kann seine Paraderolle spielen, gerade weil er sich von anderen unterscheidet. Der Wissenschaftler kann eine überraschende Entdeckung machen, gerade weil er seinen eigenständigen Weg geht.

Formulieren Sie klar und deutlich, lassen Sie keine Missverständnisse darüber entstehen, was Sie möchten. Eine Besprechung könnten Sie zum Beispiel mit einer Runde beginnen, in der jeder erklärt, was er heute oder in naher Zukunft erreichen möchte. Die Sitzung wird dadurch viel interessanter und konstruktiver, denn alle knüpfen untereinander Netzwerke mit immer neuen Chancen auf fruchtbare Verbindungen. Alle sind offen und direkt. Es wird keine Sitzung, bei der jeder mit verdeckter Tagesordnung arbeitet und heimlich versucht, seine Wünsche zu realisieren.

Geben Sie sich eine Blöße. Wer nicht kenntlich macht, was er will, wird oft übergangen. Es kommt vor, dass Menschen ihre innigsten Wünsche geheim halten, weil sie Angst haben, ihre Wünsche könnten gestohlen werden, oder sie schämen sich. Menschen, die einen Partner suchen, Karrieremacher und zukünftige Unternehmer gehören oft zu dieser Gruppe. Sie als Wünschender riskieren, dass die Menschen, die Ihnen helfen könnten, Sie nicht finden, weil Sie sich nicht bekannt machen. Es ist natürlich besonders schwierig, einen Partner zu finden, wenn keiner wissen darf, dass Sie einen suchen.

Geben Sie Ihre Wunschvorstellungen zum Besten. Ihre Eigenart ist Ihre Kraft. Sie sind dazu aufgerufen, Ihre Wünsche zu erfüllen. Sie haben Ihre Wunschvorstellungen nicht zufällig. Äußern Sie Ihre Wünsche, suchen Sie Menschen und Dinge, die zu Ihnen passen, und finden Sie Ihren Platz. Ein Baum wird nur dann Früchte tragen, wenn Fremdbestäubung stattgefunden hat.

Die Angst vor Diebstahl ist unangebracht. Als Urheber und Eigentümer eines Wunsches sind Sie die geeignetste Person, den Wunsch zu realisieren. Jemand, der versucht, Sie zu imitieren, und damit Erfolg ernten möchte, ist nicht authentisch. Dadurch ist er schwächer. Wer seinen Wünschen folgt, befindet sich in Harmonie mit sich und der Welt und wird seinen Platz verhältnismäßig leichter finden. Es gibt Raum für jeden. Die Kunst ist, seinen Platz zu finden, und nicht, ihn mit List und Tücke zu erobern.

Um Ihre Wünsche realisieren zu können, benötigen Sie früher oder später die Hilfe anderer. Neben der Authentizität müssen Sie gut kommunizieren können. Das heißt, verstehen und verstanden werden. Sie stehen vor der Aufgabe, die Sprache der anderen zu sprechen und gleichzeitig vollkommen Sie selbst zu bleiben. Nur auf diese Weise kann eine sinnvolle Begegnung, eine fruchtbare Kommunikation, eine effektive Fremdbestäubung stattfinden.

Je reiner die Verbindungen, desto fruchtbarer werden sie sein und umso größer die Erfolgschancen für Sie und andere. Gut verstanden werden und den anderen gut zu verstehen, das ist in dieser Phase des Kreationsprozesses das Allerwesentlichste.

Menschen aus verschiedenen Berufsgruppen, Religionsgemeinschaften oder Gesellschaften sprechen ihre eigene Sprache und scheinen sich darin zu unterscheiden, wie sie die Welt gestalten wollen. Wir müssen lernen, interkulturell zu kommunizieren. Jede Kultur hat ihre eigenen Formen und Traditionen, faktisch aber harmonisieren die Wunschvorstellungen (im Wesentlichen) auf einem höheren Niveau. Die Israelis möchten ihre Religion in Jerusalem in Frieden ausüben, ohne sich bedroht fühlen zu müssen. Die Palästinenser wollen genau das Gleiche. Wenn beide Völker sich gegenseitig richtig verstehen würden, würden sie bemerken, dass sie Jerusalem nur gemeinsam und in Harmonie zur religiösen Welthauptstadt machen können.

Erzählen Sie nicht einfach nur, was Sie wünschen, sondern erwecken Sie mit Ihrer Erzählung das erträumte Bild beim anderen. Wenn Sie ein verkehrtes Bild skizzieren, wird Ihr Gegenüber auch ein verkehrtes Bild weiterverbreiten. Sie verpassen vielleicht die Chance auf fruchtbare Zusammenarbeit oder es entsteht eine Zusammenarbeit, die auf falschen Vorstellungen basiert. Sie dürfen den anderen natürlich mit etwas Neuem überraschen, wenn am Ende das Bild, das Sie zeichnen wollten, richtig ankommt.

Wenn ich mit diesem Buch Unternehmer ansprechen möchte, muss ich eine andere Ausdrucksweise wählen als bei religiös oder spirituell motivierten Menschen. Für Unternehmer sind Worte wie »Erfolg, Vision, Planung und Handeln« wichtig. Bei religiös Gesinnten spricht man von »Bestimmung, Vertrauen, Offenbarung, Mission, Hingabe«. In der spirituellen Welt spricht man über »leben aus der inneren Quelle, visualisieren, bewusst leben und die Gegenwart genießen«. Dies sind alles unterschiedliche Begriffe, die jedoch auf ihre Art ähnliche Erfahrungen beschreiben. Der Mensch ist als Schöpfer, Unternehmer, religiöses oder spirituelles Wesen ein Teil der Schöpfung und sollte sich dessen bewusst sein.

Im Spannungsfeld zwischen dem Bedürfnis nach Authentizität und der Notwendigkeit verstanden zu werden entsteht Kreativität, eine neue Sprache, neue Ausdrucksformen und Einblicke. Der individuelle Kreationsprozess erhält mehr und mehr kollektiven Charakter. Sie verknüpfen sich mit der Welt.

Immer mehr Menschen kommen beim Realisieren ihrer Wünsche mit Ihren Wünschen in Berührung. Die Situation wird der der zusammenarbeitenden Zellen im Körper immer ähnlicher. Jede Zelle erfüllt ihre Aufgabe, zusammen kreieren sie einen idealen Lebensraum.

Vielleicht ist das die Zukunft unserer Gesellschaft: harmonische Integration der individuellen Freiheit und optimale Zusammenarbeit. Der nächstfolgende große Schritt der Evolution. Wie einst der Schritt vom Einzeller zum Mehrzeller folgt jetzt der Schritt vom Einzelsäugetier zum Organismus mehrerer Säugetiere, dem »Mehr-Säugetier« der menschlichen Gesellschaft.

Ein einfaches Beispiel ist eine Fußballmannschaft. Alle Spieler teilen die Leidenschaft für Fußball, das ist ihre Gemeinsamkeit. Innerhalb dieser Leidenschaft hat jeder Spieler eigene Vorlieben. Einer ist ein typischer Stürmer, ein anderer Verteidiger. Zusammen machen sie die komplette Mannschaft aus. Jeder Spieler hat durch seine Leidenschaft und Vorliebe seine eigene Entfaltung, seine Karriere im Auge, während auch das Team als Ganzes ein Ziel hat.

Individuelle Leidenschaft und gemeinsames Ziel tragen und stützen einander. So ist es auch in einer guten Beziehung, einer harmonischen Familie, einem lebendigen Verein, einem erfolgreichen Betrieb oder der idealen Gesellschaft.

Wie jedes einzelne Individuum seine Wünsche und seine Bestimmung entdecken kann, so kann auch ein Kollektiv seine Mission kennen lernen. Das Individuum wählt seine Wünsche nicht aus. Man kann auch eine kollektive Mission nicht einfach aufoktroyieren. Man kann sie nicht wie einen Stecker einfach einstöpseln. Man muss sie (er)kennen lernen und kann sie erst dann in eine konkrete Zielstellung übersetzen.

Eine inspirierende Führungsperson ist jemand, der Vertrauen weckt, weil er die kollektive Mission zu erkennen vermag und es schafft, diese so zu formulieren, dass die Menschen in Begeisterung versetzt werden. Wenn ein kollektives Ziel nicht aus dem Kreis der Betroffenen entsteht, sondern von außen auferlegt wird, bekommt man einen Obstgarten, der Blattgemüse produzieren soll. Es entsteht kollektiver Stress. Wenn keine Verbindung zwischen individuellen Ambitionen und kollektivem Ziel hergestellt wird, entsteht ein schlecht funktionierendes Ganzes.

Zur Zeit besteht ein wichtiger Teil meiner Arbeit aus der Betreuung von Organisationen beim Schaffen einer gemeinsamen Vision, die sich auf die vorhandenen individuellen Leidenschaften stützt. Sobald sich Individuen aus Leidenschaft verbinden und ein kollektives Ziel benannt ist, entsteht ein Ehepaar, ein Team, eine Organisation oder Gesellschaft, die gesund und vital ist. Auf kollektivem Niveau entsteht derselbe Kreationsprozess, den wir bisher für Individuen besprochen haben.

D as Kollektiv ermittelt seinen Wunsch und entwickelt eine Zielstellung, eine Vision der Zukunft. Das Kollektiv glaubt an seine Qualitäten und Fertigkeiten, es präsentiert sich stark und überzeugend der Öffentlichkeit. Das Team oder die Organisation sucht ihre Position am Markt, entwickelt eine Strategie und beginnt mit der Arbeit, um schließlich gemeinsam den Erfolg zu genießen.

Die NASA wollte einen Menschen auf den Mond schicken, Ford das Auto populär machen und Sony wollte Japan als Produzenten qualitativ hochwertiger Ware auf der Weltkarte vertreten. Der Bodyshop, 3M, Apple und Microsoft sind alles Firmen mit einer inspirierenden Führung, einer deutlichen kollektiven Vision und Arbeitnehmern, die durch ihr persönliches Streben die Vision des Unternehmens mittragen und dadurch individuell und als Gemeinschaft erfolgreich sind.

In der Netzwerkphase heben Sie Ihren Kreationsprozess auf ein kollektives Niveau. Das trifft sogar auf den Künstler zu, der in großer Abgeschiedenheit seine Bilder malt oder seine Bücher schreibt. Denn auch er lebt von der Gunst der Menschen, die sein Werk genießen werden. Erschaffen ist daher immer ein individueller wie auch ein kollektiver Prozess.

Knüpfen Sie Ihr Netzwerk unter dem Motto: »Ein Unternehmer ist niemand, der alles kann, sondern jemand, der sich mit Menschen umgibt, die es können.« Erstellen Sie eine Liste mit allen Menschen, die Ihnen direkt oder indirekt helfen könnten. Prüfen Sie, welche Fähigkeiten, welches Wissen, welche Information und welche Kontakte Sie zur Umsetzung Ihres Wunsches brauchen, und ergänzen Sie, wenn nötig, Ihr bestehendes Netzwerk.

Schließen Sie sich mit Ihren Wünschen den Wünschen anderer an. Wenn Sie jemanden treffen, fragen Sie sich, was Sie über seine Ambitionen wissen und inwiefern Sie mit der Realisierung Ihres Wunsches zur Realisierung seines Verlangens beitragen können. Überlegen Sie sich Situationen, in denen beide gewinnen. Was bringt die Erfüllung Ihres Wunsches Ihren Mitmenschen? Oder unternehmerisch gesprochen: Was bedeutet Ihr Produkt für den Markt? Wenn Ihre Wünsche erfüllt sind, erfüllen Sie damit gleichzeitig auch die Wünsche und Bedürfnisse anderer Menschen? Um was für Menschen, Wünsche und Bedürfnisse handelt es sich?

Wenn Sie keinerlei Bezug zwischen Ihren Wünschen und denen anderer finden können, schauen Sie, inwieweit Sie sonst etwas füreinander bedeuten könnten. Vielleicht könnten Sie sich gegenseitig anregen, vielleicht hat einer von Ihnen den Wunsch, für den anderen zu sorgen, oder Sie kennen jemanden, der für den anderen wichtig sein könnte. Wenn Sie allerdings überhaupt nichts Derartiges finden können, vergeuden Sie dann nicht Ihre Zeit oder die des anderen mit sinnlosen und unbefriedigenden Höflichkeitsfloskeln.

Bleiben Sie offen für das Unerwartete, den Zufall. Ergreifen Sie die Möglichkeiten, die sich bieten, und haben Sie ein offenes Auge für alles, was Sie permanent bekommen. Je klarer Ihre Wunschvorstellungen sind und je treffender sie in Worte gefasst werden, umso häufiger werden Sie merken, dass beinahe jede Begegnung und jedes Ereignis das Wachstum des Resultats fördert. Man hat den Eindruck, als gäbe es keinen Zufall mehr. Jede Begegnung ist ein Hinweis auf den natürlichen Weg vom Wunsch zur Wirklichkeit.

Wenn ich auf meine eigene Geschichte zurückblicke, dann gibt es massenhaft so genannte Zufälle, die im Nachhinein als hilfreich bei der Umsetzung meiner Wünsche gewertet werden können. Das gilt sogar für Dinge, die ich damals, als ich anderes wichtiger fand, als Misserfolg oder bedeutungsloses Intermezzo einstufte.

Ein Beispiel ist mein Vater, der uns immerfort einbläute, wir wären etwas Besonderes. Oder meine Mutter, die mir positives Denken und Kreuzworträtselraten beibrachte. Oder die Schule, die mich als Physiklehrer entließ, sodass ich nicht an einer Stelle haften blieb, an die ich nicht gehörte. Oder der Freund, der mir das Gedankengut von Ouspensky und anderen vermittelte. Und so könnte ich fortfahren und eine lange, lange Reihe von Begegnungen, lehrreichen Situationen und Beweisen aufzählen, die mich langsam, aber sicher immer näher zum Ziel, zur Erfüllung meines innigsten Wunsches brachten.

Sie befinden sich im Fluss, Sie lassen sich vertrauensvoll treiben. Sie erleben Synchronizität, jedes Ereignis und jede Begegnung scheinen Bedeutung zu haben. Sie erkennen und erhalten Hilfe und wichtige Informationen. Es entstehen allenthalben sinnvolle Verbindungen. Sie brauchen nichts und niemanden zu zwingen. Im Gegenteil, das, was Sie benötigen, ziehen Sie regelrecht an. Sie gebrauchen Ihre Intuition. Sie achten darauf, was Sie bei bestimmten Menschen und Ideen empfinden, und entscheiden auf Grund dessen, ob Sie diesen Weg weiter beschreiten möchten oder nicht.

Dadurch gelangen Sie schon ein wenig auf das Gebiet von Planung und Entscheidung, der strategischen Arbeit. Viele Entscheidungen werden schon während der Prüfungsphase getroffen. Welche Route wird genauer unter die Lupe genommen? Wen spricht man an, wen bewusst nicht? Die Art und Qualität Ihrer Recherche bestimmen die Qualität Ihrer strategischen Entscheidungen, die Sie in der folgenden Phase des Kreationsprozesses treffen werden.

Langsam, aber sicher haben Sie reichlich Ideen gesammelt. Sie haben ein großes Netzwerk geknüpft. Ihre Wunschvorstellungen passen zu denen anderer. Sie setzen vorhandenes Wissen und Erfahrung kreativ ein, das ist Ihr internes Wissensnetzwerk. Im Großen und Ganzen haben Sie sich während der Recherche überhaupt nicht damit beschäftigt, ob Ihre Wünsche realisierbar sind, sondern nur mit der Suche nach einem Weg, *wie* sie realisierbar sind.

Wenn man einen Blick bekommt für das Wie, Was, Wann und mit wem sich etwas realisieren lässt, möchte man einen Zeitplan erstellen. Das beginnt ganz allmählich mit dem Anberaumen von Terminen, wann man wen trifft, was man vor oder nach dem Treffen zusagt und was man zusammen unternehmen wird.

Sie beginnen zu ahnen, wie die verschiedenen Elemente zusammenpassen könnten. Seien Sie aber vorsichtig! Bleiben Sie flexibel, offen und empfänglich für Unerwartetes. Legen Sie keine unumstößliche Planung fest, bevor die Zeit dazu nicht reif ist.

Inventarisieren Sie alle Möglichkeiten, zum Ziel zu gelangen. Schätzen Sie deren Schwierigkeitsgrad und Erfolgsaussichten ein. Erst dann wagen Sie den gleitenden Übergang zur folgenden Phase des Kreationsprozesses, zur Strategiearbeit.

10 Das fünfte Gebäude: Strategiearbeit

Sie lassen die relative Unverbindlichkeit der Recherche-Phase hinter sich und legen sich in Richtung eines Verfahrenswegs fest. Sie treffen Absprachen mit anderen und mit sich selbst. Planen ist eigentlich versprechen. Das Versprechen, dass Sie, soweit Sie es übersehen können, demnächst handeln werden konform Ihrem derzeitigen Plan.

Sie befinden sich im Grenzgebiet zwischen Fantasie und Realität. Sie vollziehen den Übergang vom unverbindlichen Fantasieren zum zielgerichteten Realisieren. Sie transformieren Ihre Wunschvorstellungen in konkret erreichbare Ziele und messbare Zwischenziele. Sie erstellen einen realistischen Zeitplan. Kurz, Sie gelangen von einer virtuellen Wunschvorstellung über ein durch Zahlen, Zeitschcmata und räumliche Übersichtspläne beschriebenes Verfahren schließlich zum Ziel.

Vergleichen Sie es mit einem Schachturnier: Sie sind emotional ausgeglichen. Sie freuen sich auf den Sieg. Sie sind voller Selbstvertrauen. Sie haben sich über Ihre Gegner genau informiert. Sie geben Ihrem Geist jetzt Ruhe und Gelegenheit, die beste Strategie zu entwerfen und die richtigen Entscheidungen zu treffen.

Solange Sie noch über Ihre Strategie grübeln, ist noch nichts Konkretes passiert. Ihr Entschluss zu handeln aber und dessen Ausführung, der erste Zug, bringt Sie aus einer Welt der Möglichkeiten in eine Welt der Tatsachen. Ihr Mitspieler reagiert mit einem Gegenzug. Es entsteht eine neue Situation und Sie müssen erneut Ihre Strategie festlegen.

Strategische Arbeit ist ein dynamischer Prozess. Man muss permanent mit seiner Aufmerksamkeit dabei bleiben. Die Umstände können sich laufend ändern und es können jederzeit neue Probleme oder neue Chancen auftauchen, die Sie zur Anpassung Ihrer Pläne zwingen. Ein Schachspieler beschäftigt sich nicht nur vor einer Partie mit seiner Strategie, sondern während des ganzen Spiels. Eine gesunde Planung lebt. Eine vitale Strategie entwickelt sich.

Vergessen Sie nie, dass Ihre Planung kein Selbstzweck ist. Sie ist nur eines der Instrumente, die Sie verwenden, um Ihren ursprünglichen Wunsch zu realisieren. Wenn Ihre Planung nicht mehr zur Realisierung Ihrer Wünsche beiträgt, lassen Sie dann Ihre Planung sausen, nicht Ihre Ideale.

Sie planten zum Beispiel zusammen mit Ihrem Partner ein Leben lang glücklich zu sein und Sie versprachen es. Sie planten einst ein Studium und eine glänzende Karriere. In der Praxis ist Ihre Beziehung nun aber leider nicht so erquicklich, wie Sie es sich erhofft hatten, und die Karriere macht Sie nicht glücklich. Sie stehen vor der Wahl, Ihre Ideale aufzugeben oder Ihr Versprechen zu brechen.

Wer sein Ideal aufgibt, gibt seine Bestimmung auf. Wer seine Planung aufgibt, gibt zu, dass er sich geirrt hat.

Regelmäßig setzen Menschen und Organisationen dann, wenn der Kontakt zu ihren Idealen, zu ihrer Vision fehlt, das Register der Planung ein, um sich und andere zu motivieren. Mangelt es an wirklicher Inspiration oder an einer anregenden Führung, soll stattdessen eine straffe Planung die Mitarbeiter zum Handeln stimulieren. Die Planung wird als Motivator missbraucht, sie wird zum Sklaventreiber. Irgendwo an einem Schreibtisch wird geplant und beschlossen, den Umsatz dieses Jahr um dreißig Prozent zu erhöhen. Man spürt den Mangel an Begeisterung und baut unbewusst Widerstand auf. Man wird unzuverlässig und schlampig, wenn es um Absprachen geht. Man könnte die Planung regelrecht zu hassen beginnen, obwohl sie ein nützliches Instrument ist, solange man die Planung benutzt, um seine Wünsche zu realisieren, und nicht ihr Gefangener ist.

Fragen Sie sich: »Plane ich oder werde ich verplant?« Prüfen Sie, inwieweit Ihre heutigen Termine der Realisierung Ihrer Ideale dienen! Machen Sie das, was in Ihrem Terminkalender steht, nur, weil es dort steht? Oder ist das, was in Ihrem Terminkalender steht, das Resultat einer von Ihnen gewählten Strategie bzw. einer Strategie, zu der Sie aus vollem Herzen »ja« sagen können?

negiere deine
echten Sehnsüchte

nimm dir keine
Zeit für Besinnung

nimm dir keine
Zeit für Tagträume

schenke dem
Genießen keine
Aufmerksamkeit

sei und bleibe
immer realistisch

Sieben der zwölf
Schritte werden
ignoriert

negiere
deinen Erfolg

sprich nicht über
das, was dich
wirklich bewegt

prüfen

halte durch

handeln

planen

suche nach
mehr Arbeit /
Kunden / Märkten

entscheiden

arbeite

entwickle eine Strategie,
um deine Produktivität
zu erhöhen

beschließe,
danach zu handeln

Abbildung 22: Die verkürzte Kreationsspirale bei mangelnder Inspiration

190

Entwerfen Sie einmal eine grobe Planung zur Umsetzung eines Ihrer Herzenswünsche und spüren Sie, wie sich Ihre Laune dabei verbessert. Planen ist angenehm, spannend und regt Sie an. Von Ihrer Planung darf ein gewisser Druck ausgehen. Wenn dieser Druck allerdings so hoch ist, dass er Ihnen unangenehm wird und Sie Ihren Plan regelmäßig nicht erfüllen können, dann werden Sie entmutigt statt stimuliert. Eine zu großzügige Planung oder gar keine Planung – »mal sehen, was passiert« – können ebenso demotivierend sein, weil man dann den ersten Schritt gern hinauszögert.

Die Kunst ist, so zu planen, dass Ihr Plan Sie stimuliert, Sie aber realistisch bleiben und nicht über die Grenzen des Machbaren hinausgehen. Einen Plan, den man tatsächlich gerade einhalten kann oder den man ein klein wenig übertrifft, ist auf lange Sicht der angenehmste und effektivste.

Viele Menschen haben unangenehme Erfahrungen mit Plänen und Terminabsprachen, weil andere sich nicht daran halten. Dieses Problem entsteht, weil Menschen häufig »ideale« Absprachen treffen, die sich nicht halten lassen, nicht, weil sie die Absprachen nicht einhalten wollten. Planen ist sicherlich nicht die Phase im Kreationsprozess, in der man idealisiert, sondern die Phase, in der man realistisch sein sollte. Treffen Sie nur Vereinbarungen, die Sie einhalten können und bei denen Sie motiviert sind, sie wirklich einzuhalten. Fordern Sie dies auch von anderen.

Bevor Ihr Geist sich entscheidet und sich (neugierig auf die Konsequenzen) seiner eigenen Planung überlässt, pflegt er in bestimmten Fällen noch mal darüber nachzudenken. Der letzte Check, bevor es zur definitiven Entscheidung kommt, ein »go or no go«, der Übergang vom Denken zum Handeln.

»Sie haben zwar verabredet, dass Sie fahren würden oder dass Sie etwas erledigen würden, aber Sie können es sich natürlich noch mal anders überlegen.« »Alles ist geklärt, Sie brauchen nur noch zu unterschreiben, aber Sie können den Prozess jetzt noch stoppen.« »Morgen ist dein Hochzeitstag, aber du hast bis jetzt noch nicht definitiv ja gesagt.«

Wie kommt man zu einer Entscheidung? Kann man den Kreationsprozess in dieser Phase noch beeinflussen? Alle vorbereitende Arbeit ist erledigt. Sie kennen Ihre Wünsche und haben eine klare Vorstellung. Ihr Geist ist voll positiver Erwartung, er speichert Wissen, altes und neues, und alle möglichen Informationen, derer Sie sich nicht einmal bewusst sind. Auf Grund dieser Informationsfülle fängt Ihr Geist autonom an zu arbeiten und »berechnet«, was Sie tun oder besser lassen sollten. Dieser Prozess wurde schon während der Prüfung und Planung in Gang gesetzt und kommt jetzt zum Ende. Ihr Geist entscheidet.

So wie Ihr Herz das Blut durch den Körper pumpt und die Lungen die Sauerstoffversorgung regeln, so sorgt Ihr Geist für den Entscheidungsprozess. Wenn Sie sagen: »*Ich* entscheide« – ist Ihnen klar, dass Sie dann eigentlich sagen: »Ich bin mein Geist«?

Damit er seine Arbeit ordentlich erledigen kann, braucht Ihr Geist hin und wieder eine Pause, in der er nicht mit neuen Informationen voll gestopft wird und die bis dato aufgenommenen, teilweise neuen Informationen verarbeitet werden können. Es sollte keine Pause zur Meditation sein oder zum In-sich-Gehen, wie Sie sie benötigten, um Ihre echten Wünsche zu entdecken. Sie brauchen einen Informationsstopp, um einmal ruhig nach-denken zu können, um Ihrem Geist Gelegenheit zu bieten, alles zusammenzuzählen und wieder abzuziehen, sodass er Sie im Anschluss über seine Schlussfolgerungen informieren kann.

Nach-denken bedeutet also, eine Pause einzulegen und Ihrem Gehirn Gelegenheit zu geben zu verdauen, genauso wie Sie nach dem Essen eine Pause machen und Ihrem Magen diese Gelegenheit bieten. Dieses »Nach-Denken« wird übrigens größtenteils unterbewusst stattfinden. Es passiert beispielsweise im Schlaf. Sie erwachen mit der Antwort. Manchmal passiert es auch, wenn man kurz etwas ganz anderes tut, solange dies keine ähnlich schweren Anforderungen an Ihren inneren »Verdauungsprozess« stellt, wodurch er in eine andere Richtung gelenkt wird.

Versuche, sich mit Hilfe bewussten Nach-Denkens dauerhaft in den Entscheidungsprozess Ihres Geistes einzumischen, sind meist unergiebig. Das rührt unter anderem daher, dass es langfristig unmöglich ist, die Konsequenzen der eigenen Entscheidungen zu überschauen.

Wir Menschen meinen, wir träfen eigene Entscheidungen. Streng genommen ist dies natürlich wahr. Der Mensch verzehrt seine Nahrung, atmet und fasst Entschlüsse. Nur dass die Verdauung der Nahrung dem Magen überlassen wird, das Atmen den Lungen und das Entscheidungentreffen dem Geist. Niemand wird ernsthaft behaupten, dass er seine Nahrung bewusst verdaut. Obwohl man sich nach einer Mahlzeit sicherlich der Tatsache bewusst sein kann, *dass* man die eingenommene Nahrung verdaut. Analog können Sie bis zu einem bestimmten Grad feststellen, dass Ihr Geist schwer arbeitet, pro und contra abwägt und permanent Entscheidungen fällt.

Seien Sie sich jedoch im Klaren, dass Sie mit dem bisschen bewusster Denkarbeit, die Sie leisten können, der autonomen Kraft Ihres geistigen Wesenspols nicht gewachsen sind. Mein Geist birgt – bewusst wie unbewusst – unendlich viele Erfahrungen, Ideen und Ansichten. Basierend auf dieser Menge signalisiert er an einem bestimmten Punkt: »Jetzt ist es Zeit zu handeln, jetzt gleich«, und in dem Augenblick sendet er einen Impuls aus, durch den Ihr Körper in Bewegung gesetzt wird.

Jahrelang habe ich versucht, meinen Geist genau in dem Moment zu ertappen, wenn er meinem Körper befiehlt: »Jetzt fängst du an«, »Jetzt überholst du«, »Jetzt stehst du auf«, »Jetzt sagst du etwas«, »Jetzt kaufst du dieses Buch.« Die Vorstellung, dass es irgendwo außerhalb von mir eine unabhängige Instanz gibt, die solche Entscheidungen fällt, ist ein Irrtum. Mein Geist trifft seine Entscheidungen autonom aufgrund der Fakten, die er gespeichert hat, d.h. die ich dort gespeichert habe.

Deshalb ist es nutzlos, wenn jemand kommt und Ihnen sagt, was Sie eigentlich tun müssten. Oft wissen Sie genau, was Sie eigentlich tun müssten. Aber Sie wissen nur allzu gut, dass Sie häufig nicht nach dieser Maxime handeln. Dass Sie häufig trotzdem etwas anderes tun.

Wer glaubt, seine Wirklichkeit steuern zu können mittels richtiger Entscheidungen, ist wie ein Chauffeur, der glaubt, sein Auto nur richtig fahren zu können, wenn er vor jeder Kurve ausstiege und die Vorderräder eigenhändig drehte, dann wieder einstiege, um die Ecke führe, wieder ausstiege, die Räder zurückdrehte und dann weiterführe.

Wenn Sie die Kreationsspirale verwenden, um Ihre Wirklichkeit zu steuern, sind Sie wie ein Chauffeur, der schon entdeckt hat, dass es praktischer ist, den Wagen von innen zu steuern, mit dem Lenkrad. Die Vorderräder gehorchen den Anweisungen des Chauffeurs dann auf indirekte Art und bringen ihn dorthin, wo er hin möchte.

Nehmen Sie Ihr Lenkrad selbst in die Hände, sorgen Sie für emotionale Ausgeglichenheit, erkennen Sie Ihre Wünsche, kreieren Sie eine deutliche Vorstellung, achten Sie auf positive Erwartungen und vertrauen Sie anschließend darauf, dass die Entscheidungen, die Sie treffen, Sie auf die Dauer dorthin führen, wo Sie sein möchten. Sie steuern Ihre Wirklichkeit durch die richtige innere »Programmierung«. Ihre Entschlüsse führen dann indirekt zum erwünschten Resultat.

Wie viele Menschen, die später eine wichtige Rolle im Leben spielen, hat man nicht zufällig getroffen? Hätte man diese Menschen auch getroffen, wenn man nicht genau in dem Moment an genau dem Ort gewesen wäre? Sie konnten unmöglich voraussehen, was durch Ihre Entscheidung, in jenem Augenblick dort zu sein, passieren würde. Vielleicht spürten Sie einen Impuls, dem Sie folgten.

Welche Entscheidungen haben Sie bewusst getroffen, als Sie Ihren Partner kennen lernten? Welchen Impulsen sind Sie gefolgt? Wodurch bekamen Sie die Stelle, die Sie jetzt haben? Welche Schritte haben Sie unternommen, um dieses Buch zu bekommen, und welche Konsequenzen könnte das für Ihr weiteres Leben haben?

Sie können jetzt also noch nicht wissen, was Sie genau tun müssen, um ans Ziel zu gelangen. Sie werden nie genau wissen, wem oder was Sie auf welchem Weg begegnen werden. Sie sind also von der Qualität der Entscheidungen Ihres Geistes abhängig. Sie stehen immer wieder vor der Wahl: »Gehe ich das Risiko ein und folge den Impulsen meines Gehirns oder lasse ich es?« Vielleicht haben Sie nur eine Wahl. Sie folgen den Impulsen oder nicht. Sie können sich sogar fragen, ob Sie überhaupt diese Möglichkeit haben oder ob Ihre Entscheidung nicht einfach von der Stimmung abhängt, in der Sie sich gerade befinden.

In Abhängigkeit von Ihrer inneren Programmierung werden Ihre Entscheidungen zu einem erwünschten oder unerwünschten Resultat führen. Achten Sie mal darauf, wenn Sie sich nicht entscheiden können und sich hin und her gerissen fühlen zwischen zwei Möglichkeiten. Fragen Sie sich dann, in welcher Stimmung Sie zu der einen Möglichkeit tendieren und in welcher zu der anderen. Vertrauen Sie darauf, dass Sie in der Stimmung mit dem größten inneren Selbstvertrauen wie selbstverständlich einen Weg einschlagen werden, der Sie zu einem sinnvollen Resultat führt.

Warten Sie mit dem Fällen einer wichtigen Entscheidung so lange, bis Sie in der richtigen Stimmung sind. Oder versuchen Sie, diese Stimmung selbst zu schaffen. Wie im Falle einer plötzlich auftretenden gefährlichen Situation im Verkehr, bei der Sie automatisch auf Autopilot umschalten, mit der inneren »Programmierung«: »Ich bin emotional vollkommen ruhig, mein Geist ist klar, es geht gut aus, ich bin aufmerksam, vertraue mir und reagiere angemessen.« Sie bekommen erst einen Schreck, wenn die Gefahr vorüber ist. Auf dem Weg zur Realisierung weiterer Wünsche können Sie ebenfalls bewusst eine passende innere Programmierung wählen, bei der eine optimale Chance auf eine richtige Entscheidung besteht. Kreieren Sie innerlich eine Atmosphäre des Selbstvertrauens, in Abhängigkeit vom angestrebten Ziel, mit Bildern von Wohlbefinden und Fülle, von Liebe und Frieden oder von Kraft und Vitalität, und treffen Sie dann erst Ihre Entscheidung.

Manchmal kommt man einfach nicht zu einer Entscheidung. Ihre Umgebung fängt an, Sie unter Druck zu setzen, und Sie denken vielleicht auch, dass es langsam Zeit wäre, die Entscheidung zu treffen. Werden Sie eine bestimmte Ausbildung absolvieren oder nicht? Fahren Sie mit in den Urlaub oder nicht? Heiraten Sie den einen oder den anderen?

Lassen Sie sich nicht hetzen. Ihr Geist entscheidet selbst. Wenn er noch keine Entscheidung getroffen hat, hat er einfach noch keine Entscheidung getroffen. Versuchen Sie nicht, ihn zu einem Entschluss zu zwingen, wenn er noch nicht soweit ist. Sie riskieren, dass er die falsche Entscheidung trifft oder die richtige Entscheidung im falschen Moment. Treffen Sie keine Entscheidung, bevor Sie diese nicht auch innerlich getroffen haben.

Vertrauen Sie Ihrer Intuition. Handeln Sie erst, wenn Sie einen positiven inneren Drang dazu spüren. Rufen Sie niemanden an, weil Sie denken, Sie müssten es jetzt tun, sondern warten Sie, bis Sie spüren, dass Sie es wollen, dass jetzt der Moment gekommen ist. Fangen Sie nie mit einer Arbeit an, weil diese unbedingt erledigt werden muss, sondern beginnen Sie erst, wenn Sie auf positive Weise spüren, dass die Zeit dazu reif ist. Wenn Sie dies schwierig finden, sagen Sie sich ein paar Tage lang immer wieder: »Ich erledige alles immer im richtigen Moment.« Wunderbarerweise passen Ereignisse und Begegnungen in Ihrem Leben gut zusammen, wenn Sie bereit sind, intuitiv zu handeln.

Ihrer Intuition können Sie natürlich nicht immer vertrauen. Wenn Sie schlechte Laune haben, wenn Sie nur wissen, was Sie *nicht* wollen, oder wenn Sie negative Erwartungen haben, vertrauen Sie Ihrer Intuition lieber nicht. Ihre Impulse könnten Ihnen die falsche Richtung weisen. Nicht ohne Grund möchten depressive Menschen nichts mehr unternehmen, sich lieber verkriechen und auf bessere Zeiten warten.

Wenn Sie allerdings auf eine positive innere Einstimmung achten, innerlich Ihr Lenkrad fest in der Hand haben, folgen Sie dann Ihren Impulsen und vertrauen Sie darauf, dass diese Sie, wie auch immer, irgendwohin bringen werden. An einen Punkt, von dem aus Sie weitermachen können.

Haben Sie keine Angst, die falsche Entscheidung zu treffen. Manchmal ist es zum Erreichen des endgültigen Ziels notwendig, Fehler zu machen. Aus Fehlern können Sie lernen. Wie sollte ein Kind je anders laufen lernen? Selbst wenn Ihre Entscheidung zu einem unerwünschten Resultat führte, könnten Sie dieses Resultat in der Phase des Empfangens dazu verwenden, ein altes Muster zu erkennen und loszulassen.

Behalten Sie die erwünschte Zukunft vor Ihrem geistigen Auge, sorgen Sie für gute Stimmung und positive Erwartungen, handeln Sie dann intuitiv. Leben Sie das Abenteuer, das man Leben nennt. Sagen Sie nein, wenn Sie nein fühlen, und sagen Sie ja, wenn Sie ja fühlen. Jetzt ist es Zeit für die folgende Phase, die eigentliche Arbeit.

11 Das sechste Gebäude: Die eigentliche Arbeit

Der vertrauteste und selbstverständlichste Teil jedes Kreationsprozesses ist die wirkliche, eigentliche Arbeit. »Nicht kleckern, sondern klotzen.« Als geborener Rotterdamer fühle ich eine starke Affinität zu Menschen, die von Berufs wegen in diesem Teil der Spirale zu Hause sind, wie Bauarbeiter, Hafenarbeiter und Handwerker. Als Kind stand ich oft stundenlang auf einer Baustelle, um den Großen bei der Arbeit zuzusehen und zu bewundern, welche Tricks sie anwendeten, um kolossale Gebäude zu errichten. Ich mag harte Arbeit und Menschen, die hart arbeiten.

Jedoch wird die Wichtigkeit von Handeln und Durchhalten in unserer Kultur bedeutend überschätzt. Sie wird sogar so extrem überbewertet, dass viele Menschen sich nicht wohl fühlen, wenn sie nicht arbeiten. Die wirkliche Arbeit ist nur eines der sechs Arbeitsgebiete des Kreationsprozesses. Wirkliche Arbeit ist ein wesentlicher Teil, aber die übrigen Arbeitsfelder sind es auch.

Sie können von Ihrer Arbeit derart beansprucht sein, dass Sie gar nicht mehr wissen, warum Sie sie eigentlich verrichten. Sie verlieren völlig den Kontakt zu Ihrem ursprünglichen Ziel, der Realisierung Ihrer Wünsche. Sie arbeiten, weil es sich so gehört. Arbeiten ist dann nicht mehr schön, sondern wird zur Last. Sie fühlen sich nicht mehr gut dabei. Wenn Sie dieses Zeichen unbeachtet lassen, wird Ihr Körper versuchen, Ihnen die Arbeit unmöglich zu machen. Erst ermüden Sie, dann werden Sie krank. Krank zu sein ist eine Aufforderung, sich zu besinnen, um zurückzukehren zur Stillearbeit.

Wenn Sie die ersten fünf Gebäude gründlich durchlaufen und alle notwendigen Vorbereitungen getroffen haben, dann wissen Sie, dass Sie auf dem richtigen Weg sind. Sie können sich ohne Bedenken und mit Aussicht auf Erfolg an die eigentliche Arbeit machen. Was diese Arbeit beinhaltet, das ist von Fall zu Fall unterschiedlich. Es variiert von schwerer körperlicher Arbeit hin zu rein intellektueller Tätigkeit, von Routinetätigkeiten bis hin zu komplizierten, kreativen Anforderungen. Die wirkliche Arbeit findet ihren Ausdruck allerdings immer außerhalb von Ihnen.

Wenn Sie mit vollem Einsatz konzentriert an die Arbeit gehen, werden Sie langsam, aber sicher darin aufgehen, wie ein Kind, das völlig in seinem Spiel aufgeht. Sie beißen sich fest. Sie spüren den Druck Ihrer Planung. Aber Sie sind auch voller Erwartung und auf diese Weise fähig, mit unendlicher Geduld an Ihrem Projekt weiterzuarbeiten.

Übung macht den Meister. Während Sie arbeiten, erwerben Sie die nötigen Fähigkeiten, denn wirkliche Arbeit ist vor allem eine Frage von Fallen und Wiederaufstehen und des daran Glaubens – unter welchen Bedingungen auch immer. Wenn Sie irgendwann einmal Champion werden wollen, müssen Sie eine ganze Weile ein guter Verlierer sein. Ihr Glaube wird dabei Mal für Mal auf die Probe gestellt. Sie müssen durchhalten, auch wenn es schwer wird. Sie werden Ihren Glauben und Ihr Selbstbewusstsein behalten, auch wenn Sie sich fragen, wie lange es denn noch dauert. Sie lassen sich nicht entmutigen, wenn nicht alles nach Plan verläuft.

Die Kunst besteht darin, jeden Rückschlag so zu verarbeiten, dass er Ihnen letztlich zugute kommt und Ihre Erfolgschancen erhöht. Das erreichen Sie, indem Sie direkt nach einem Rückschlag die Kreationsspirale in erhöhtem Tempo nochmals durchlaufen. Erst spüren Sie, wie es sich anfühlt, der Schmerz, die Enttäuschung, die Wut, der Kummer, der Stress oder was für ein Gefühl auch immer Sie mit dem Rückschlag verbinden. Gehen Sie diesem Gefühl nicht aus dem Weg, durchleben Sie es mit Hingabe. Sprechen Sie nicht darüber, lassen Sie es körperlich Gestalt annehmen. Dadurch werden Sie es verhältnismäßig schnell und einfach loslassen können. Stellen Sie erneut Kontakt zu Ihrem eigentlichen Ziel her, visualisieren Sie das Bild, das Sie sich davon gemacht haben. Bekräftigen Sie Ihr Vertrauen. Verarbeiten Sie die praktische Information, die Sie durch Ihren Rückschlag erhalten haben. Passen Sie Ihre Strategie an die neue Lage an und gehen Sie erneut an die Arbeit.

Sie halten durch, selbst wenn Sie Ihre Grenzen überschreiten müssen und Ihr Körper Schmerzen signalisiert, wie ein Marathonläufer, der das Äußerste gibt. Der Schmerz, den Sie spüren, wenn Sie innerlich motiviert Ihre Grenzen verschieben, ist ein ganz anderer als der Schmerz, der entsteht, wenn Sie unmotiviert an etwas arbeiten. Letzerer schwächt Sie und macht Sie krank. Ersterer ist Wachstumsschmerz, der Sie stärkt. Wie der Marathonläufer machen Sie so lange weiter, bis Sie an den Punkt kommen, an dem Einsatz und Hingabe ineinander übergehen, an dem Willenskraft und Rhythmus miteinander verschmelzen.

Durchhalten hat einerseits mit Willenskraft, Disziplin, sich Mühen, Grenzen-Verlegen zu tun, andererseits auch mit dem Erreichen eines gewissen Rhythmus, mit Hingabe, Mitreißenlassen. Sie verschieben Ihre Grenzen und verwandeln die Schmerzen in »High«-Sein. Sie erreichen einen hohen Grad an Hingabe und spüren den »flow«, den Fluss, die Freude und die Zufriedenheit des »Ganz-Seins«, des Anwesend-Seins mit all Ihrer Aufmerksamkeit, Ihren Qualitäten und Ihrer Energie.[9]

In der Begegnung mit der Materie erfahren Sie die Kraft des Glaubens. Sie merken, dass Sie tatsächlich in der Lage sind, Dinge zu realisieren, von denen Sie früher nur zu träumen wagten. Genau das ist es, was einem Menschen ein intensives Glücksgefühl beschert. Das innerliche Vertrauen, dass Sie es eines Tages schaffen werden, macht die eigentliche Arbeit zu einer tiefen Erfahrung, nämlich was es eigentlich bedeutet, zu leben.

Es ist herrlich, mit Ihrem ganzen Können an der Realisierung Ihrer wahren Wünsche zu arbeiten. Es ist wie ein Rausch, und weil es sich um die Umsetzung Ihres Ideals, Ihrer Bestimmung handelt, werden Sie sich vollständig einbringen. Ihr ganzes Wesen ist auf das Verwirklichen Ihres Auftrags gerichtet. Sie sind bereit, sich hinzugeben, ohne sich zu schonen. Wie eine Mutter sich für ihr Kind einsetzt, so setzen Sie sich für die Realisierung Ihrer Wünsche ein. Das gibt Ihrem Leben Sinn und Bedeutung.

Ihr Wunsch gewinnt Gestalt in der Materie. Ihre Seele bedient sich Ihres Körpers und Geistes, um sich zu spiegeln, sich kennen zu lernen, sich ihrer selbst bewusst zu werden. In der Vorstellungsphase hat sie Sie mit einer Wunschvorstellung befruchtet. Sie waren jetzt geraume Zeit »guter Hoffnung«. Jetzt gebären Sie sozusagen den Wunsch. Dadurch nimmt Ihr Beseeltsein Gestalt an.[10]

In der Schlussphase des Kreationsprozesses wird von Körper und Geist das Äußerste gefordert. Nelson Mandela zeigt anhand seines Lebenslaufs, wozu ein Mensch fähig ist auf der Grundlage innigen Glaubens und Vertrauens. Leiden und Freude sind beide Bestandteil der Vollendung des Kreationsprozesses. Die Zufriedenheit, die Sie letztlich durch die Erfüllung Ihrer Wünsche erreichen, wiegt viel schwerer als die Pein, die Sie dafür erleiden, und als der Aufwand, den Sie dafür betreiben mussten.

Wirkliche Arbeit heißt: Sie wollen es, Sie können es, Sie werden es schaffen und letztlich Ihre Bestimmung erfüllen, denn dafür leben Sie. Um diese Zufriedenheit auskosten zu können, müssen Sie in der Lage sein, die großen und kleinen Erfolge zu erkennen, anzunehmen und zu genießen. Darum geht es beim letzten Gebäude: den Erfolg zu genießen.

12 Das letzte Gebäude: Den Erfolg genießen

Ich wollte Ihnen heute etwas über das Genießen Ihres Erfolgs erzählen. Wie immer hatte ich mich auch dieses Mal am Abend zuvor in das fertige Textmaterial eingelesen. Mein Gehirn war die ganze Nacht mit dem Auftrag: »Generiere morgen, sobald du wach wirst, einen anregenden Text darüber, wie man seinen Erfolg genießt« beschäftigt. Aber heute verhält es sich anders als sonst. Ich spüre noch keine Leidenschaft bei diesem Thema.

Bei der Gefühlsarbeit war ich getrieben von der Idee, dass man sich von altem Verdruss befreien kann. In meiner Jugend hatte ich die einschlägigen unangenehmen Muster erworben und es ist wirklich fantastisch, diese nach und nach ablegen zu können. Bei der Stillearbeit wollte ich Sie an meiner Verwunderung über die Harmonie teilhaben lassen, die zwischen den Wünschen und dem Können der Menschen besteht. Beim positiven Denken bin ich stolz auf die Schlichtheit der Erkenntnis, dass Glauben nichts anderes ist als eine Funktion des menschlichen Geistes, welcher Recht haben möchte. Was das Knüpfen von Netzwerken betrifft, bin ich fasziniert von der Aussicht auf eine Gesellschaft, in der individuelle Leidenschaft und kollektive Ambition auf einer Linie liegen. Mit strategischer Arbeit möchte ich Ihnen demonstrieren, dass Sie die Wirklichkeit nicht durch Ihre Entscheidungen ändern, sondern durch Ihre Vorstellungen und Erwartungen. Die wirkliche Arbeit liebe ich, weil ich es genieße, mich mit Haut und Haar für meine Ideale einzusetzen. Und jetzt sollte die Apotheose folgen, ein gelungenes Schlussbild mit der Aufforderung, Ihren Erfolg zu genießen.

Den Erfolg genießen, die Würdigung dessen, was bereits existiert, ist eine Qualität, die in unserer Gesellschaft noch kaum entwickelt ist. Wir haben in der gesamten Menschheitsgeschichte, jedenfalls in vielen Weltbereichen, noch nie einen solchen Wohlstand erlebt wie heute. Dennoch genießen wir diese Tatsache unverhältnismäßig wenig. Wir schätzen nicht wirklich, was ist, und wir scheinen im Zusammenhang damit an einem nicht zu befriedigenden, unstillbaren, ja in mancherlei Hinsicht sogar destruktiven Hunger nach Mehr zu leiden.

Darüber wollte ich also schreiben. Die letzten Seiten dieses Buches, die tägliche Arbeit, ist fast vollbracht. Aber ich habe eine leichte »postnatale« Depression. Ich fühle mich etwas kalt und verbittert, ich sitze in meiner Rüstung da, ich will eigentlich gar nichts fühlen, keinen Kummer, keine Liebe, keine Enttäuschung und vor allem keine Aufregung. So kann ich jedoch nicht über das Genießen von Erfolgen schreiben. Das müsste doch mit einem Feuerwerk, mit orgiastischen, Schwindel erregenden, überirdischen Empfindungen einhergehen!

Natürlich kann ich auf einer allgemein gesellschaftstheoretischen und auf einer individuell theoretischen Ebene sehr gut, sogar ausgezeichnet darlegen, warum Empfangen, Genießen und Würdigen so wichtig sind; warum wir ohne die Kunst des Empfangens und Wertschätzens gefangen bleiben in endlosen Kreationszirkeln. Wie wir endlos die Leistungen unserer Vorfahren und Eltern wiederholen und dem Dasein nichts von unserer eigenen Seelenqualität hinzufügen.

Wenn ich ehrlich bin, muss ich bekennen, dass ich jetzt, auch wenn es anders klingen mag, aus meinem Verstand und nicht aus dem Herzen spreche; und gerade das will ich nicht. Ich kann jetzt also an dieser Stelle nicht weiterschreiben – insbesondere nicht über das Genießen von Erfolgen. Bin ich mir plötzlich klar darüber, dass das Genießen eines Erfolges nicht so sehr irgendein fantastischer Gemütszustand ist als viel mehr eine offene, empfangende Haltung gegenüber dem, was gerade – in welcher Form auch immer – geschieht.

Genießen bedeutet aus voller Seele empfangen und bewusst erfahren, was das Leben jetzt, in diesem Moment bietet. Erfolg verbuchen bedeutet: Wir betrachten dasjenige, was wir jetzt erleben, als eine bedeutungsvolle eigene Schöpfung. Den Erfolg genießen bedeutet also: das, was jetzt *ist*, zu empfangen und bewusst zu erfahren in seiner Qualität als bedeutungsvolle eigene Schöpfung.

Gehen Sie einmal davon aus, dass das, was Sie jetzt in diesem Moment erleben, Ihre eigene Schöpfung ist. Platzieren Sie sich selbst im Zentrum Ihrer Wirklichkeit. Identifizieren Sie sich mit dem Schöpfer in Ihnen. Schreiben Sie niemand anderem als nur Ihnen selbst die Verantwortung zu. Es kann sein, dass das, was Sie jetzt erleben, die Realisierung eines Wunsches ist; es kann auch sein, dass es ein Bestandteil eines von Ihnen nicht gewünschten endlosen Kreationszirkels ist. Gehen Sie im letzteren Fall zurück zu meinen Betrachtungen über die Gefühlsarbeit. Oder ist das Genießen von Erfolgen vielleicht dasselbe wie Gefühlsarbeit?

Wenn ich genau hinschaue, muss ich zugeben, dass in meinem Leben immer Dinge geschehen, die ich mir irgendwann einmal gewünscht habe. Viele meiner Wünsche werden Realität, ohne dass ich mir dessen überhaupt bewusst werde. Ich betrachte meine Freunde, meine Arbeit und meinen Besitz als mehr oder weniger selbstverständlich. Seitdem ich regelmäßig visualisiere, wird mir gelegentlich bewusst, dass ich etwas erlebe, was ich früher visualisiert habe, wie zum Beispiel das Halten von Vorträgen vor viel Publikum oder das Schreiben eines Buches. Wenn ich dem konkreten Resultat dann ins Auge sehe, muss ich mich zwingen, mich sozusagen selbst wachrütteln, um die Realisierung bewusst zu erleben. Es klingt vielleicht seltsam, aber oft erscheint die Visualisierung wirklicher zu sein als deren Realisierung in der Gegenwart.

Fragen Sie sich einmal selbst, welche Aspekte Ihrer heutigen Lebenssituation Sie sich früher so gewünscht haben. Sie wollten Urlaub machen und jetzt ist es so weit. Genießen Sie es so intensiv, wie Sie es sich vorgestellt hatten? Sie haben die Stelle oder die Familie, die Sie sich erträumten. Was fühlen Sie jetzt, da Sie es erreicht haben? Sie wollten ein Haus. Wie ist es, dort zu wohnen? In der Praxis ist Genießen vielleicht doch nicht so einfach und selbstverständlich, wie Sie es in Ihrer Vorstellung erwartet hatten. Das rührt daher, dass man meist zu spät damit anfängt. Genießen beginnt nicht erst in dem Augenblick, in dem Sie den gewünschten Erfolg erzielen, Genießen beginnt schon viel früher.

J ede Phase des Kreationsprozesses kennt ihre eigenen Freuden. Im ersten Gebäude lachten Sie über sich, über Ihr krampfhaftes Festhalten an alten, unangenehmen Verhaltensmustern. Im zweiten Gebäude waren Sie guter Hoffnung. Im dritten Gebäude erlebten Sie Selbstvertrauen. Im vierten Gebäude genossen Sie die Freude über die neuen Erkenntnisse, die Verbindungen, das Gespräch mit anderen. Im fünften Gebäude erlebten Sie die Spannung und das Abenteuer beim Treffen eigener Entscheidungen. Im sechsten Gebäude erfuhren Sie Zufriedenheit über Ihre Kraft, den Rhythmus und die Hingabe an der Grenze von Schmerz und Lust. Im letzen Haus genießen Sie aus vollem Herzen das Gegenwärtige.

Wenn Sie voller Erwartung an der Realisierung Ihrer Wünsche arbeiten, können Sie den gesamten Vorgang genießen. Dann ist Ihr Erfolg ein wunderbarer Höhepunkt, auf den die wohlverdiente Ruhe folgt. Wer Vorspiel und Liebesakt genossen hat, bekommt einen intensiven Orgasmus, dem himmlische Entspannung folgt. Wenn Sie sich auf dem Weg zum Erfolg nicht gut fühlten, weil Sie beispielsweise Angst hatten, Sie würden es nicht schaffen, und Sie erwarteten alles Vergnügen erst am Schluss, dann fallen Sie in ein tiefes Loch. Wie ich heute Morgen.

Beinahe jeder hat dies schon erlebt. Sie haben hart gearbeitet, endlich ein angestrebtes Diplom bekommen oder einen großen Auftrag abgerundet. Sie sind fertig, und dann taucht plötzlich eine große Leere vor Ihnen auf, ein intensives Unzufriedensein. Und das, obwohl Sie so viel erwartet hatten.

Viele Menschen weichen ihrem Erfolg aus, um einer »postnatalen« Depression zu entgehen. Sie schieben ihre Ziele immer weiter hinaus, wodurch sie diese nie erreichen können, oder sie vollenden nie dasjenige, womit sie beschäftigt sind, damit sie ihren Erfolg nicht auskosten müssen. Diese Menschen sind permanent hart an der Arbeit, um sich ihrer wahren Gefühle nicht bewusst werden zu müssen. Empfangen und Genießen ist auf so eine Art schwierig.

Dass Sie nicht wagen, Ihren Erfolg (unverhohlen) zu genießen, kann Ihnen die Freude am Erleben des Höhepunkts, der Realisierung Ihrer Wünsche, verderben. Sie wünschten sich, im Mittelpunkt des Interesses zu stehen, und sind dort angelangt. Wagen Sie, dies jetzt zu fühlen und zu zeigen, dass Sie es genießen? Sie hatten visualisiert, dass man Sie schätzt. Jetzt werden Sie mit Komplimenten und Applaus überschüttet. Wagen Sie, dies öffentlich mit aller Hingabe zu genießen? Dadurch geben Sie nämlich zu, dass Sie es sich gewünscht hatten, und vielleicht genieren Sie sich jetzt dafür.

Der Kreationsprozess findet seine Erfüllung, wenn Sie in dem Moment, in dem Sie erhalten, was Sie wollten, Ihre innere Freude, die Sie dadurch erleben, bewusst spüren, ganz und gar genießen und dies sichtbar mit ihrem ganzen Körper zum Ausdruck bringen. Schauen Sie sich an, wie berühmte Fußballer ihr Tor genießen. Wenn Sie Ihren Höhepunkt unumwunden auskosten, einen Freudentanz aufführen oder Freudenschreie ausstoßen, dann folgt auf den Erfolg ganz selbstverständlich eine tiefe innere Entspannung und herrliche Ruhe.

Daher ist das letzte zugleich das erste Gebäude. Bei vollem Bewusstsein empfangen, körperlich erleben, spüren, wie es sich anfühlt, wie es ist, wenn sich Ihr Wunsch erfüllt, und das deutlich zu zeigen – das alles beinhaltet, Erfolg zu genießen, und das ist gleichzeitig Gefühlsarbeit.

Bei der Darstellung des ersten Gebäudes sprach ich über Künstler, die die Fähigkeit haben, auf der Bühne – also in aller Öffentlichkeit – altes Leid zu transformieren und bewusst zu machen; die über unsere endlosen Kreationskreisläufe lachen und Lachen provozieren können. Sie sind Künstler der Gefühlsarbeit – und zumeist auch souverän im Empfangen ihres Erfolges, im Empfangen von Applaus. Oft genießen sie den Applaus so unverhohlen, dass es dem Publikum Freude bereitet ihn noch zu steigern.

Wenn Sie sichtbar genießen, was Sie bekommen, bekommen Sie mehr. Alles Positive, das Sie aufrichtig empfangen, wächst. Schauen Sie sich Ihre Talente an, wie groß oder klein dürfen diese Ihrer Meinung nach sein? Wenn Sie sie erkennen, anerkennen und respektvoll darüber sprechen, wenn Sie dankbar sind, dass Sie sie haben, sie genießen und stolz auf sie sind, werden Ihre Talente wachsen.

Seien Sie stolz auf Ihre großen und kleinen Talente, wie eine Mutter, die stolz auf ihr Kind ist. Nicht, weil sie ihr Kind selbst getragen und geboren hat, sondern weil sie es innig liebt. Weil sie fortwährend das Positive, das Schöne und Starke in ihrem Kind sieht und bekräftigt, werden diese Eigenschaften sich entwickeln. Genauso werden sich Ihre Talente entwickeln, wenn Sie fortwährend das Positive darin erkennen. Wissen Sie, warum italienische Männer oft so gut aussehen? Weil die italienischen Mütter ihren Söhnen dauernd sagen, wie gut sie aussähen.

Ein Straßenmusikant, der sein Talent, so wie es ist, akzeptiert und es sichtbar genießt, erntet damit Erfolg. Wenn Sie Ihre Qualitäten, die großen wie die kleinen, schätzen und unverhohlen genießen, werden diese sich immer weiter entwickeln. Bewahren Sie Ihre Talente also nicht im finsteren Kämmerlein auf, sondern rücken Sie sie ins rechte Licht. Beobachten Sie, wie Ihre Talente wachsen. Wenn Sie Negatives annehmen, spüren und durchspielen, verschwindet es. Wenn Sie das Positive bewusst annehmen, spüren und spielen, wächst es.

Wer sich nicht zugesteht, auf sich stolz zu sein, wird nur schwer seinen Erfolg genießen können. Ein Künstler, der während seines Auftritts an sich zweifelt und seinen Erfolg nicht genießt, wird weniger Applaus bekommen und sich außerdem schwer tun, den Applaus zu akzeptieren. Wenn Sie bei Ihrer derzeitigen Beschäftigung Ihre Talente bewusst und intensiv genießen, werden Sie mehr Wertschätzung erfahren und es wird Ihnen leichter fallen, diese Wertschätzung tatsächlich zu genießen.

214

Ich kannte einmal eine Tänzerin, die mir erzählte, dass sie während des Applauses nach ihrem Auftritt meist durchging, was alles während des Auftritts schiefgegangen war. Ich sprach auch mit einem Musiker, der gelegentlich sogar wütend auf sein Publikum wurde, wenn es klatschte, er aber fand, dass er nicht gut genug gespielt hatte. Es geht nicht in erster Linie darum, wie gut Sie sind. Es geht darum, sich anzunehmen, wie man ist, sich zu schätzen und dies unverhohlen zu zeigen. Erkennen Sie Ihre Qualitäten, Ihre Schönheit, Ihre Stärke, Ihre Energie, Ihre Kreativität. Stellen Sie Ihr Licht nicht unter den Scheffel und äußern Sie dadurch Ihre Dankbarkeit für Ihre Talente.

Nelson Mandela zitierte einmal: »Wenn wir unser Licht strahlen lassen, geben wir unbewusst anderen die Zustimmung, das Gleiche zu tun. Wenn wir von unserer Angst befreit sind, befreit unsere Gegenwart andere.«[4] Mandela selbst ist, außer als Visionär, Gläubiger und Durchhaltender, auch ein Ass im Transformieren alten Leides und beim Genießen seines Erfolgs.

Wer gelernt hat, seine unangenehmen Gefühle zuzulassen und zu transformieren, wird es ebenfalls wagen, seine positiven Gefühle zu akzeptieren, wenn er gelobt wird, geliebt, belohnt oder Komplimente bekommt. Wenn Sie es wagen, Traurigkeit, Angst und Einsamkeit zu fühlen, sind Sie auch in der Lage, Freude, Abenteuer und Verbundenheit zu genießen.

Genießen ist die Kunst, sich des Gegenwärtigen bewusst zu sein, egal was Sie gerade machen: Alles, was Sie fühlen, was Sie sehen, was Sie hören, schmecken, riechen. Essen, bewegen, lieben, fantasieren, lernen, denken, sprechen und der ganze Reigen Ihrer Gefühle, Ihr ganzes Leben ist eine einzige spannende Vorstellung.

Wenn Sie Ihre negativen Kreationen, dasjenige, was Ihnen nicht passt, bewusst empfangen können und lernen, darüber zu lachen, dann gelangen Sie in eine positive Kreationsspirale. Wenn Sie die Dinge, die Sie mögen, bewusst empfangen und Ihren Erfolg genießen, gelangen Sie quasi auf ein wesentlicheres Niveau des Wünschens und Kreierens. Langsam, aber sicher werden Sie immer weiser. Sie genießen intensiv, fragen sich aber auch jedes Mal, wonach Sie sich eigentlich wirklich sehnen.

Denn Empfangen bedeutet auch, Abschied zu nehmen, Abschied von einem Kreationsprozess. Sie sind am Ende des Sommers. Eine spannende Zeit in Ihrem Leben ist vorüber. Obwohl Sie die Realisierung Ihres Erfolgs ersehnten, schmerzt es jetzt, da es so weit ist, ein wenig. Sie wollen das Ende noch ein klein wenig hinauszögern. Sie wissen aber auch, dass es Zeit ist, loszulassen. Die Früchte sind reif und die Blätter beginnen zu fallen.

Es fehlt immer noch etwas. Dies kann doch nicht das Ende eines intensiven Kreationsprozesses sein. Mir fehlt, trotz der schönen Worte, ein befriedigender Abschluss, eine echte Apotheose.

Was macht ein Apfelbaum eigentlich, wenn seine Früchte reif sind? Was ist der nächste Schritt für ihn? Lässt er seine Äpfel los, lässt er sie einfach fallen oder schenkt er sie angenehm überraschten Spaziergängern zum Verzehr, weil er möchte, dass seine Samen weit verbreitet werden? Ein Apfelbaum gibt seine Früchte her. Er teilt seinen Erfolg mit der Welt, und erst dadurch, also nicht durch die Realisierung der Früchte allein, findet der Kreationsprozess des Apfelbaums ein sinnvolles Ende.

Wenn Ihr Wunsch realisiert ist, ist auch der Moment gekommen, die Früchte Ihrer Arbeit zu teilen. Sie teilen sie mit Ihren Kindern, mit Ihren Freunden, mit anderen, mit der Welt. Wenn Sie nach jahrelangem Studium endlich Ihr Diplom in der Tasche haben, möchten Sie das Gelernte anwenden können, um etwas für andere zu tun. Wenn Sie ein Projekt realisieren, erhält dies seine Bedeutung, weil andere es benutzen. Wenn Sie etwas Schönes erschaffen, wird es bedeutsam, weil jemand anders es genießt.

Die Realisierung Ihres Wunsches findet erst dann ihre Erfüllung, wenn Sie seine Bedeutung teilen können. Dann gehen Ihre Lust, etwas zu erreichen, und die Tatsache, dass dies sinnvoll ist, ineinander über. Ihr egoistisches Streben nach der Realisierung Ihrer Wünsche wäre letztlich mehr als eine nur für Sie sinnvolle Tat. Teilen Sie Ihren Erfolg und genießen Sie den Reichtum des Teilenkönnens.

Lange Zeit nahm der Mensch an, er sei egoistisch, wenn er versuchte, seine Wünsche zu realisieren. Als ob ein Apfelbaum egoistisch wäre, wenn er Äpfel hervorbringt. Bis der Mensch entdeckte, dass er gerade durch die Realisierung seiner Wünsche und durch das Teilen der Früchte des Erfolgs den größtmöglichen Beitrag zum großen Ganzen liefert.

Wenn die Äpfel fallen, wird es Zeit für ein großes Erntedankfest. Wenn jemand seinen Erfolg teilen möchte, wird es Zeit, Apfelkuchen zu backen. Ihren Erfolg mit der Welt teilen zu dürfen ist, besonders wenn die Welt dies genießt, die schönste Belohnung, die man sich vorstellen kann.

Es ist Herbst. Das Erntefest wird noch gefeiert. Nach den Früchten fallen jetzt auch die Blätter, ein farbenfrohes Schauspiel. Für kurze Zeit ist Ihre Aufmerksamkeit noch nach außen gerichtet, auf das Fest, aber Ihre Energie fängt an, sich zurückzuziehen, zurück nach innen, zurück zu den Wurzeln.

Ich komme wieder zu mir selbst, entspannt und voller Vertrauen, vielleicht ein klein wenig besorgt oder zumindest neugierig erwarte ich eine Antwort auf die Frage: »Was kommt jetzt? Kommt nach der Stille eine weitere Runde? Wenn ja, welche neuen Wünsche, welche neuen Ziele könnten dann auftauchen?« Ich möchte allerdings nicht vorgreifen. Im Vertrauen, dass das Neue sich ankündigen wird, lasse ich mich auf die Stille ein.

Anmerkungen

1 Dieses Zitat sammt aus Goethes Schrift »Aus meinem Leben. Dichtung und Wahrheit« (Zweiter Teil, neuntes Buch, 1811–1814).

2 In dem Buch »Die tanzenden Wu-li-Meister« (Reinbek 1994) schreibt Gary Zukav Folgendes: »Wenn wir unsere Wirklichkeit in einer vierdimensionalen Weise sehen könnten, würden wir entdecken, dass alles, was sich jetzt, indem die Zeit verstreicht, vor uns zu entfalten scheint, bereits in toto existiert, gewissermaßen gemalt auf der Leinwand von Zeit und Raum. Dann würden wir alles – Vergangenheit, Gegenwart und Zukunft – in einem Augenblick sehen. Natürlich ist dies nur eine mathematische Vorstellung (oder doch nicht?). Strengen Sie sich lieber nicht an, sich eine Vorstellung einer vierdimensionalen Welt zu bilden, auch Physiker können das nicht.« Ich bin allerdings der Meinung, dass wir uns sehr wohl in dieser Richtung anstrengen sollten.

3 Der Amerikaner, der mir die Bekanntschaft mit der erstaunlich hochmodernen Visualisierungs- und Affirmationstechnik vermittelte, heißt Frank Natale (»The results course«, 1987).

4 Aus Anlass seiner Antrittsrede als Präsident der Republik Südafrika im Jahre 1997 zitierte Nelson Mandela folgende Verse aus einem Buch von Marianne Williamson, das den Titel »Return to love« (deutsch: Rückkehr zum Leben, München 1993) trägt:

> *Our deepest fear is not that we are inadequate.*
> *Our deepest fear is that we are powerful beyond*
> *measure. It is our light and not our darkness that*
> *most frightens us.*

We ask ourselves: who am I to be brilliant, gorgeous,
talented, and fabulous? Actually, who are
you not to be? You are a child of God. There's nothing
enlightened about shrinking, so that other
people won't feel insecure around you.

We are meant to shine as children do. We were
born to manifest the glory of God that is within us.
It is not just in some of us. It is in everyone.

As we let our own light shine, we unconsciously
give other people permission to do the same. As
we are liberated from our fear, our presence
automatically liberates others.

Wir zitieren in diesem Buch immer wieder einzelne Sätze aus
diesem Gedicht in freier Übersetzung.

5   Bernard Lievegoed, Hochschullehrer und Anthroposoph, ver-
    fasste im Jahr 1976 das Buch »Lebenskrisen – Lebenschan-
    cen« (München 2001), der Niederschlag einer lebenslangen
    Beschäftigung mit den verschiedenen Phänomenen im Leben
    des Menschen.

6   Eva Pierrakos hielt viele Vorträge (1958–1979), einige davon
    wurden übersetzt und sind unter dem Titel »Der Pfad der
    Wandlung« (Essen 1994) erschienen. Sie ist eine der wenigen,
    von denen ich weiß, dass sie in mehr oder weniger vergleich-
    barer Weise mit der von mir beschriebenen Transformation
    negativer Gefühle arbeiten.

7   Obwohl das, was ich hier darstelle, stark den Ausführungen
    von Daniel D. Ofman in seinem Buch »Bezieling en kwaliteit in
    organisaties« (1992) ähnelt, zeigt sich bei genauer Betrach-
    tung doch ein gravierender Unterschied: Fallgruben entste-
    hen nicht, weil Menschen, die über bestimmte Qualitäten ver-
    fügen, diese Qualitäten einseitig zu weit treiben, sondern ge-
    rade dadurch, dass sie diese Qualitäten zu unterdrücken ge-
    lernt haben und der Vulkan, mit dem sie infolgedessen leben
    müssen, von Zeit zu Zeit ausbricht. Übertriebenes Ausleben
    ist also die Folge einer unterdrückten Qualität.

8   Ich verwende in diesem Buch das Wort »Geist« für die Welt der
    Begriffe, der Auffassungen und Erkenntnisse, die Welt des
    Denkens – sowohl des rationalen als auch des intuitiven Den-
    kens, des bewussten wie des unbewussten Denkens. In der
    Welt des Geistes spielt das *Wort* eine wichtige Rolle. Der Geist
    spricht, erforscht, prüft, plant und entscheidet; er lenkt den
    Körper.
    Das Wort »Seele« verwende ich in diesem Buch für die Welt des
    Bewusstseins, der Ziele und der Begeisterung, der Welt von
    Sinn, Ziel, Bestimmung, Berufung und Ambition. Die Seele
    erfährt, erlebt, was ist, und sie ist zugleich ein Quell der
    Inspiration auf der Suche nach einer neuen Form. Die Seele
    bedient sich des *Bildes* und sie verschafft dem Geist, sofern
    dieser es zulässt, Nahrung.
    Weil in unserem Sprachgebrauch die Begriffe »Geist« und
    »Seele« nicht klar voneinander unterschieden werden, werden
    auch die Begriffe »Denken« und »Bewusstsein« miteinander
    vermischt. Dadurch kann es auch geschehen, dass die Pla-
    nung die Stelle der Begeisterung einnimmt (im Niederländi-

schen gibt es die schöne Wortverwandtschaft zwischen Seele, niederländisch »ziel«, und Begeisterung, niederländisch »bezieling«). Echte Sehnsucht, echtes Verlangen kommt aus der Seele, der Geist macht einen Plan, um der Seele zu dienen.

9 »Die Basis menschlichen Glücks ist der Zustand des *flow*; die Erfahrung des konzentrierten Arbeitens an einer Aufgabe, die die volle Aufmerksamkeit beansprucht.« So fasst der niederländische Journalist H. Spiering in der Tageszeitung »NRC Handelsblad« vom 4. Juli 1998 die Ergebnisse von Professor Mihaly Csikszentmihalyi zusammen, die er in dem Buch »Finding flow« (deutsch: »Lebe gut! Wie Sie das Beste aus Ihrem Leben machen«, Stuttgart 1999) darstellt.

10 Zwei für mich überraschende Zitate aus dem Buch »Conversations with God: An uncommon dialogue« (1995) von Neale D. Walsch (deutsch: »Gespräche mit Gott«, München o.J.): »Die Funktion der Seele ist ihre Sehnsucht, eine Richtung anzugeben ... Die Funktion des Geistes ist, zu wählen bzw. zu entscheiden ... Die Funktion des Körpers ist es, diese Wahl bzw. diese Entscheidung zur Ausführung zu bringen.« – »Die Seele bildet die Vorstellung. Der Geist schafft, der Körper erfährt. Der Zirkel ist geschlossen. Die Seele erkennt sich selbst dann in ihrer eigenen Erfahrung.«

Der Autor

Marinus Knoope (*1947) ist von Haus aus Physiker und selbstständiger Unternehmensberater in den Niederlanden. Große Bekanntheit erlangte er durch seine Seminare, Vorträge und Fernsehauftritte. Jahrelang erforschte er die Frage, inwieweit und in welcher Weise der Mensch Einfluss auf seine eigenen Lebensumstände hat. 1989 entdeckte er die Kreationsspirale, eine überraschend einfache, klare und universell anwendbare Gesetzmäßigkeit, die der natürlichen Realisierung menschlicher Absichten und Wünsche zugrunde liegt.

Hellmuth J. ten Siethoff

Mehr Erfolg durch soziales Handeln

Gesprächsführung, Konfliktlösung, Gemeinschaftsbildung in Alltag und Beruf

211 Seiten, kartoniert

Aus seiner langjährigen Erfahrung gibt der bekannte Unternehmer und Konfliktberater Hellmuth J. ten Siethoff eine Vielzahl von Hilfestellungen für den täglichen, mehr oder weniger schwierigen Umgang miteinander. Er beschreibt Phasen der Gemeinschaftsbildung, macht Konfliktherde sichtbar, nennt konkrete vorbeugende Maßnahmen und erläutert die Grundregeln für effektive Gesprächsführung und faires Verhandeln. Hellmuth J. ten Siethoff zeigt aber auch Lösungswege bei bestehenden Konflikten auf: Wie geht man damit um, wenn am Arbeitsplatz Konkurrenzkampf herrscht oder bei einer Partnerschaft plötzlich eine dritte Person ins Spiel kommt?

Immer ist der Einzelne sozial gefordert. Bewähren kann sich nur, wer sein Handeln nicht vom bloßen Zufall, einer Laune oder rein persönlichen Interessen bestimmen lässt. Soziales Handeln stellt sich nicht von selbst ein – es will bewusst geübt werden. Dabei zeigt sich: Echte Erfolge werden erst dann erreicht, wenn das individuelle Handeln mit den Interessen der Gemeinschaft in Übereinstimmung gebracht wird.

URACHHAUS